CÉLINE LAURENS

LA MAISON DIEU

roman

ALBIN MICHEL

Pour Madeleine, Narcisse, Odile et Didier

Pour Julie

« Pintez, dansez, gens de la Terre,
Tout est un triste et vieux mystère. »

Jules Laforgue

Qu'est l'homme mis à nu, celui qui ne se satisfait plus des masques qu'il se donne ou qu'on lui propose ? « Penser comme un premier homme, voir comme un premier homme », disait Delteil. Après le récif des illusions, réapprendre à vivre, voici ce à quoi aspirent les habitants de ce livre, loin de la lumière zénithale qui prétendait tout dévoiler.

C'était l'aube.

L'heure bleue dissipée, quelques oiseaux voletaient dans la fumée reliant encore le ciel au squelette de la maison. Dans l'hécatombe finissante, les couleurs de la campagne ariégeoise s'étiraient et les cils blonds des maïs prenaient vie. Un coq chantait, bien sûr.

Assis sur les marches de pierre menant à la bâtisse, le brigadier Bertrand bâilla, il était exténué.

Remettant son képi, il se dirigea vers le heurtoir de la porte d'entrée, un étrier, massif. Lui aussi aimait les chevaux. D'ici peu, lorsqu'il serait promu, il s'en offrirait un. C'était dit !

Dans la structure calcinée, à terre sur le carrelage bleu, une photographie prise dans un écrin argenté avait échappé aux flammes. Dessus, une femme au lourd chignon, l'œil rieur, semblait se moquer de l'intrus. Éparpillés dans l'entrée, les débris d'un miroir reflétaient la silhouette effilée de quelques stratus épiant par le chambranle des hautes fenêtres soufflées.

Avec précaution le brigadier ouvrit le couvercle d'un piano miraculé et appuya du doigt sur l'une de ses dents d'ivoire. Un *do* grave fendit la suie, accompagnant son esprit dans le lointain.

La grille en fer forgé face à la maison n'avait plus rien à protéger. Les propriétaires avaient trouvé la mort dans l'incendie.

Élise

Ce matin, j'ai appris que le Mérou avait encore frappé. C'est le fils Durand qui est venu me le dire alors que j'étais à arracher les mauvaises herbes dans le parc. Il le savait de Geoffroi, qui le tenait de Mme Frelou, qui l'avait elle-même su par la lecture de *La Dépêche* que son mari avait faite à l'un de ses fils. Cette fois, c'était titré :

Jamais trois sans quatre. Dans le crime, le pyromane désormais mieux connu sous le sobriquet du Mérou est comme un poisson dans l'eau.

Le bruit, ça court vite de par nos rues. Ça dévale, des persiennes aux étals, des perrons jusque dans les couches. C'est peut-être parce qu'on est encore dans le plat de l'Ariège que ça s'étend autant par chez nous la rumeur. Ça jacte comme ça de ville en ville, porté par le vent d'autan, puis ça s'écrase sur les chausses de pierre des Pyrénées. Même si on n'y prête pas l'oreille, ça reste dans un coin de la tête les on-dit et ça fait hausser du sourcil quand on croise les concernés.

Regardez, moi, je savais pour l'histoire de Monsieur avant même de l'avoir rencontré lui. Et je m'en fichais bien d'ailleurs. L'emploi est trop rare dans la région pour faire la fine bouche à cause de la morale des autres. Ça me concernait en quoi ? Puis y en avait eu des nouvelles, de domestiques, depuis. Alors, pourquoi pas moi ? Imaginez ! La plus grande maison du village… C'est le père Edmond qui avait fait savoir qu'il cherchait quelqu'un de confiance pour une place sérieuse, et bien rémunérée. Justin avait sauté sur l'occasion pour moi. J'aimerais vous y voir de pas être intéressé par une proposition de la sorte. Déjà, c'était dans ce village que je connaissais, puis il s'agissait d'y faire que ce que j'avais fait toute ma vie. Ranger, repasser, faire la popote, et ça pour un salaire de plus du double de celui que je touchais habituellement. Pour moi qui étais déjà plus dans la fleur de l'âge, pour une aubaine…

Après tout c'est habituel ce genre d'histoire. Eh ! Les riches, comme nos hommes, ils ont des besoins. Ça résonne peut-être plus amplement dans les demeures, le *han-han* de la bête à deux dos, mais ce qui est sûr, c'est que le matelas fait le même bruit.

Pour ma part, Monsieur, j'ai jamais rien eu à lui reprocher. Non, rien, jamais. De toute façon pas de danger. J'ai ni le physique ni le tempérament à m'en faire conter, et l'essoreuse des heures qui froisse le chiffon arrange rien à l'affaire. Je me leurre pas. Déjà jeune j'étais pas de celles sur lesquelles les hommes se retournent. Ça m'a fait moins de soucis. La preuve avec la fameuse domestique, ça porte pas forcément chance quand on est pauvre d'avoir le visage comme une dragée, parce qu'on se croit plus haut que ce qu'on est.

On l'avait mise à la porte ? Et ? Elle s'en était pas vantée un peu partout de plaire au maître de maison ? Et de ricaner comme quoi, avec Madame, ils avaient moins de rapports que le maire peut en avoir avec le curé. Elle avait récolté ce qu'elle avait semé voilà tout. Avec Justin on était bien d'accord sur la question.

Quand même, quand on voit la beauté de Madame, et jeune comme elle l'était alors, c'est bizarre que Monsieur soit allé voir ailleurs. Mais bon, on n'a pas toujours faim du même plat à ce qui se dit, et puis, l'amour, c'est autre chose.

Mon arrivée, je m'en rappelle comme si c'était hier, et pour cause. Dès que j'ai passé le portail en fer, j'ai compris que j'allais pas chômer. J'avais jamais vu une aussi grande bâtisse. Justin m'avait dit qu'il faudrait de l'huile de coude, mais à ce point… j'imaginais pas. J'approchais entre la rangée d'arbres et la maison grossissait, grossissait. Bigre, c'était pas possible une aussi grande maison franchement. Et dissimulée comme ça, mine de rien. Ça relevait du pied-de-nez et ça faisait passer nos logis pour des terriers. Quand j'ai monté les marches qui s'étalaient devant l'entrée comme une collerette, j'avais l'anse de mon panier à laquelle je m'agrippais si fort que mes doigts en étaient blancs. J'osais pas saisir le heurtoir de fer forgé. Si je le faisais c'était sûr que je pourrais pas revenir en arrière. Le heurtoir, c'est comme si son poids était fait des secrets de tous les gens qui s'étaient relayés dans la maison. Il représentait un étrier, un étrier qui si je le touchais aller m'emporter, comme dans les contes, au galop, loin de la simplicité de mes habitudes. Les bruits qui me réveilleraient la nuit, ce serait pas ceux des mulots dans les combles, mais ceux des fantômes qui demeurent dans les grosses maisons faute qu'elles sont pas assez aérées avec leurs murs épais. Je n'osais plus.

J'ai lissé les plis de ma jupe en regardant vers là d'où je venais. Le vent faisait danser les rideaux de dentelle d'une des pièces de l'étage jusqu'à l'extérieur comme pour m'inviter à entrer. C'est là qu'y a eu un rire espiègle sur mon côté. Derrière l'un des deux grands pots verts qui encadraient la porte et dans lesquels croissaient des oliviers, y avait un adolescent tout boueux qui était caché.

« Je m'appelle Élise, j'ai dit, et je viens de la part de M. le curé. » J'ai sorti ma lettre de recommandation que je lui ai tendue. « M. le curé est très ami avec maman, il a répondu. Elle est à sa fenêtre. Mais il ne faut pas la déranger. » Justin m'avait prévenue pour Abel et j'ai pas tiqué qu'il parle bizarrement, comme un enfant.

En ce temps là il faisait déjà une tête de plus que moi et il devait avoir commencé à se raser il y a peu parce qu'il avait pas mal de coupures fraîches sur les pommettes et sous le nez. Ça m'a attendrie. J'aime les preuves de déconfiture, la maladresse de l'homme qui est confronté à un nouvel âge qu'il connaît pas encore, et qui tâtonne.

Un crissement sur le gravier et j'ai vu une fille s'approcher de nous. Elle devait avoir à peu près le même âge qu'Abel et elle lui ressemblait, pour sûr, avec ses cheveux bruns et son teint pâle. Les deux, ils avaient juste ce qu'il fallait de couleurs sur les joues et les lèvres pour pas paraître comme faits de marbre. Le bleu de leurs yeux m'a fait penser à celui qu'on trouve sur les carrelages portugais. À côté l'un de l'autre ils se ressemblaient encore plus. Elle m'a souri.

« Je me nomme Mallora et lui c'est Abel, mon frère. Abel, tu es encore tout crotté…

– Je discutais avec Hans, il a répondu. Tu sais qu'il a décidé qu'il allait apprendre à voler pour la prochaine migration ? »

Mallora a haussé les épaules et a ouvert la porte. « Sacré Hans. Essuie tes pieds avant d'entrer Abel. Venez, je vais vous faire visiter, ensuite nous irons voir ma mère à l'étage. Madame… ?

– Mademoiselle, j'ai répondu. Élise. »

L'odeur de la vieille bâtisse m'est montée au nez tandis que je la suivais avec son frère sur les talons. Faite de boiseries vermoulues, de l'humidité froide des hauts plafonds et des tissus poussiéreux. Y avait des tapisseries qui recouvraient certains murs fissurés comme la peau des lézards. Cache-misère. « C'est une partie de chasse », m'a dit Mallora en me montrant l'une d'entre elles, face à l'escalier. « Mon père l'aime beaucoup. Elle appartenait déjà à ses arrière-grands-parents. Vous imaginez ? » Une meute de chiens s'y acharnait sur un gibier, une biche, et ça m'a fait frissonner. Nos pas résonnaient sur le damier du sol et les araignées faisaient de l'équilibre sur les lustres. Les pièces traversées étaient prises dans une lumière douce qui filtrait des hautes persiennes et qui donnait envie de pleurer comme quand on entend des chansons sur le temps qui a passé. « Le grand salon. » Elle m'énumérait les lieux. « Le salon de musique. » Les meubles faisaient figure de ballerines mortes avec le jupon des draps blancs qui les recouvraient pour certains. On laissait des traces de pas sur le sol, Abel surtout, et je me disais que ce serait bien pratique pour pas se perdre au retour, quand Mallora s'est arrêtée devant une porte. « Ici, c'est le bureau de père. Il y reste presque toute la journée. » Abel m'a tirée par la manche et m'a chuchoté : « Il travaille à l'histoire de la famille et à ses timbres. Il a une armoire remplie de secrets. » Puis on est repartis dans l'autre sens sur la pointe des pieds. Abel babillait, il s'arrêtait de marcher, plongé dans une pensée lui ridant le front, puis courait soudainement pour nous rattraper, prenant la main de sa sœur ou la mienne, avant de recommencer. C'était si étrange de voir ce grand corps dégingandé continuer d'agir spontanément comme le font les enfants. On aurait dit qu'il s'était réveillé avec un corps d'adulte qu'il avait pas apprivoisé au fur et à mesure, ainsi que nous autres on l'a tous fait. Ses mouvements étaient brusques et vu qu'il était pas épais ça faisait comme si à tout vouloir faire trop vite, ses bras et ses jambes allaient finir par craquer. Bien sûr l'effet était accentué parce qu'il portait des vêtements d'homme et que leurs coupes sont plus faites pour les enfantillages. Arrivés de nouveau face au grand escalier de l'entrée et à ses rampes de bois, on a visité l'autre côté de la maison où il y avait la salle à manger, la cuisine et un cellier. « C'est là que vont les enfants pas sages », a dit Abel en montrant la porte donnant sur le cellier tout en effectuant une grimace avec sa bouche. « C'est plein de fantômes et il y fait noir. Les bouteilles y pleurent et les bougies y gèlent ! » et il a roulé des yeux pour me faire peur avec l'air content de sa phrase.

La salle à manger ressemblait à l'idée que je me faisais d'un tribunal avec ses chaises à dossier en cuir rigide et clouté encadrant une austère table rectangulaire. Des êtres invisibles y attendaient déjà, dédaigneusement, que j'y dépose mes futurs plats. Deux carafes au verre terni reposaient sur des napperons Un bouquet fané dans un vase ornementait un guéridon. Par réflexe j'y ai passé le doigt. Dessous la poussière, la vraie couleur s'est dévoilée, chaude, acajou. C'était comme si c'était toute une époque qu'un voile avait recouverte pour en dissimuler la vie. Un bahut sombre rétrécissait la pièce dans un coin, si massif que l'on n'avait nullement envie de l'ouvrir pour en sortir la vaisselle qui y sommeillait. Les invités devaient être bien rares. « C'est là que sont entreposées les confitures », m'a informée Abel, chose qui a subitement égayé ma vision de la pièce d'un minuscule battement de vie. La salle à manger débouchait sur une cuisine sens dessus dessous, pleine de cuivres, et j'ai compris que c'était la seule pièce vraiment utilisée de cette aile de la maison. Il y avait des assiettes peintes aux murs, qui représentaient des scènes de travaux saisonniers et des danses folkloriques. Les ustensiles de cuisine étaient de taille disproportionnée, cuillères à soupe, louches, pics à viandes. Une marmite vide était suspendue dans la gueule de pierre d'une cheminée au gosier noirci. Une table de ferme traversait la pièce dans toute sa longueur, couverte de vaisselle sale. Sur son séant un gros jambon dormait sous un linge, des miches de pain durcies jouaient de la miette en tous sens en une constellation dorée. Les mouches asticotaient quelques fruits. Mon quartier. J'ai ouvert la fenêtre pour aérer. Moi qui cherchais du boulot… J'étais bel et bien servie. Comme lisant dans mes pensées Mallora m'a regardée un peu honteuse.

« C'est que l'ancienne bonne est partie il y a déjà plusieurs semaines. Je pense qu'elle a suivi son fiancé. C'est bien pour elle, mais cela explique… l'état général de la maison. Montons maintenant. Je vais vous montrer votre chambre et vous présenter à ma mère. »

À l'étage, la maison semblait encore plus vieillie. Les papiers peints étaient décolorés. Il y avait une buanderie dont les draps dormant en boule ont ignoré notre passage, une vaste salle de bain accueillant une baignoire étroite et montée comme sur des griffes de rapace, et plusieurs chambres en enfilade. La maison avait dû être si belle, mais là je voyais surtout tout le travail à y faire. Abel m'a rapidement montré sa chambre et sa collection de livres de contes.

La mienne était mitoyenne, habillée du strict nécessaire. Un meuble de toilette avec miroir et cuvette et un broc d'eau en dessous. Une bible posée sur la couverture en laine jaune safran d'un large lit tiré à quatre épingles. Le Christ veillait sur les oreillers, sa croix adossée à un rameau.

J'ai été à la fenêtre, on voyait, au-delà de l'allée d'arbres et de la grille en fer forgé, longeant le champ de Justin le chemin transversal qui menait dans un sens vers le village et dans l'autre vers le cimetière. Entre la vie et le trépas, cette maison, posée là. Les rideaux de dentelle continuaient de voleter vers l'extérieur. Une mouche s'amusait dedans à ne pas trouver la sortie. J'étais contente de cette chambre. Elle était claire et simple. En en sortant la poignée a horriblement grincé et une voix s'est fait entendre : « Mallora, Abel ? » Mallora s'est dirigée vers une autre porte qu'elle a entrouverte. « Mère, la dame que M. le curé envoie est arrivée.

– Ah. Déjà…, a poursuivi la voix. Bien. Fais-la entrer. » Mallora s'est écartée pour me laisser passer et j'ai vu un chignon dépasser d'un fauteuil donnant sur une fenêtre. « Vous pouvez approcher.

– Je m'appelle Élise… madame… et je suis envoyée par M. le curé.

– Je sais qui vous êtes, mademoiselle. » Elle a fait un geste d'indifférence en direction de la lettre que je lui tendais. « C'est inutile. Le père Edmond a mon entière confiance et je sais que vous êtes de la famille de Justin. Tout cela me suffit. C'est Mallora qui vous expliquera le gros des tâches. Je reste dans ma chambre le plus souvent. Les nerfs… Vous serez réglée chaque semaine. Pour toute cette logistique voyez avec mon mari. » Madame parlait sans me regarder. Son visage était tourné vers dehors et ses yeux étaient comme dilués dans l'horizon, dont ils avaient la même matière fluctuante. Elle était frêle, et belle, mais elle donnait froid. C'est comme si elle appartenait pas à la société des hommes. Non, pas à notre temps. C'est comme si elle était déjà dans l'après. En fait, elle semblait complètement désintéressée de mon arrivée et de savoir si je saurais m'acquitter des tâches de la maison. Le malheur, ça peut changer quelqu'un. Je me rappelais de ce que m'avait dit Justin, sur Madame, plus jeune. Ses fossettes, son effronterie charmante. Le temps avait passé et terni tout cela comme les papiers peints du couloir. De trois quarts, les fameuses fossettes qu'il m'avait vantées avaient poursuivi leur chemin en deux légères rides de dépit. Sous le promontoire des pommettes les joues étaient devenues caves. La carnation diaphane était rendue maladive par la visibilité des veines. Sous les yeux absents, la peau était légèrement craquelée comme le vernis des peintures anciennes. Des fils argentés ornementaient en une délicate mantille les crans impeccables d'une couronne de cheveux bruns arrimant son beau port de tête vers l'arrière – seule chose qui semblait la retenir de s'avancer pour briser la fenêtre et sauter. Les mains posées sur les accoudoirs étaient maigres et longues. Des mains de pianiste. Oui, c'était cela, on aurait dit la peinture vieillie d'une pianiste. Un souvenir m'est revenu comme un sanglot. Esther. Cette femme que tout le monde appelait Madame avait eu un prénom.

La maison a bien vite rajeuni sous mes efforts. J'y ai été acceptée comme une vieille tante, revenue de lointaines pérégrinations. J'avais une entière liberté et je n'avais plus peur de la maison. J'étais sur le pied de guerre, ça oui !

L'odeur du savon a empli la cuisine. Les flammes du foyer caressaient le cul de mes soupes. La cire a couru sur la rampe de l'escalier, le battoir en rotin tapé sur l'arrière-train des oreillers en plume. Les cadres ont éternué leur poussière, eux qui comme dans tous les foyers représentaient des gars en costume militaire même si ceux-ci étaient bardés de récompenses comme des sapins de Noël. Le fer a réchauffé les draps frictionnés. Les tisonniers ont dégelé la plaine des lits qui vont accueillir ceux qui se couchent. Les armoires battaient des portes avec le rangement des vêtements propres, expulsant de vieux ballotins de lavande et des mouchoirs brodés. Ça palpitait de nouveau par endroit, même s'il y avait quelque chose de stagnant dans l'air vu que Madame et Monsieur s'adressaient pas la parole. À couper au couteau ce silence solide, mais Mallora et Abel le bombardaient des flèches de leurs rires qui résonnaient dans les couloirs et l'escalier.

Monsieur, comme Madame, ils ont de drôles de manières. Elle la fenêtre, lui, le bureau… Le bureau de Monsieur, c'est comme un terrier. Il y a tout. Il y fait sa toilette, il y dort, il y entasse des choses, il y travaille. Si tant est que ce soit du travail de lire des gros ouvrages ennuyeux pour son propre plaisir et de classer des timbres. « C'est de la philatélie ma chère Élise. » Oui, bah, c'est pas ça qui va améliorer l'état de sa cornée, de se pencher comme un maniaque sur des lettres ou des miniatures qui donnent des envies d'évasion. C'est du faux tout ça, tiens ! Des illusions que l'herbe est plus verte ailleurs.

Il aime pas que j'entre pour y mettre de l'ordre. Il trouve ça « impudique » et moi je lui dis que ce n'est que ceux qui ont des choses à se reprocher qui ont peur qu'on mette le nez dans leurs affaires. Il a toute la maison et il bouge pas de ce bureau du rez-de-chaussée. À quoi ça sert alors d'habiter un si grand espace, je vous le demande. Et pareil pour Madame. D'autres en profiteraient bien avec tous leurs gosses. Les Bernard à commencer ! Avec dix enfants dans leur clapier, paraît qu'ils sont quatre par lits !

Il ferme la porte de son bureau, Monsieur, quand il en sort, par réflexe, mais aussi pour qu'Abel vienne pas lui soutirer en douce ses timbres. Mallora m'a dit que c'était déjà arrivé dans le temps, que Monsieur trouve l'un d'eux – un très rare qui venait d'Inde – collé sur le front de Hans, l'épouvantail d'Abel. Il l'avait aussi coiffé d'un turban pour qu'il fasse plus local quand il serait arrivé à destination porté par les oiseaux migrateurs.

Au milieu des liasses de papiers sur le bureau de Monsieur, il y a un cadre qui ferme par un rabat en argent. Dedans, c'est une photo de Madame, jeune et belle, et je prends plaisir à bien l'observer en le nettoyant au bicarbonate. Ça doit dater d'après leur mariage. C'est drôle parce que son visage jeune était pas destiné à prendre la tournure de celui que je lui connais. Les yeux surtout. Maintenant ils sont comme tournés à l'intérieur d'elle-même, pas avec nous. Sur la photo, par contre, le regard vous fixe avec une intensité renforcée par le bleu royal des iris, ce bleu dont ont hérité Abel et Mallora. C'est comme si de rester exposée à la lumière de sa fenêtre ça l'avait délavée, Madame. Sinon, le port aristocratique et la lourde chevelure sont déjà là. Elle sourit d'un air de quelqu'un qui vient de faire une coquinerie sur le cliché. Je suis sûre que Monsieur devait être à côté du photographe au moment où celui-ci a déclenché. On peut pas avoir un air comme ça face à quelqu'un qu'on connaît pas.

Un jour, moi, j'ai été faire un portrait à la ville. C'était une idée de ma tante Dragona. Elle m'avait pas accompagnée à cause de ses jambes mais elle m'avait donné de quoi en me disant que ça lui ferait bien plaisir d'avoir une photographie de moi près d'elle lors de ses travaux de couture. J'avais pour l'occasion bouclé mes cheveux en anglaises des deux côtés de mon visage et sur le dessus. J'avais mis un petit canotier qui était noué sous mon menton à l'aide de rubans, une robe bien repassée et soulignée sous la poitrine par une ceinturette crème. Ben moi j'ai plus jamais mis le pied dans une de ces boutiques. Je saurais pas dire mais c'était comme si de me retrouver sur la plaque de verre ça m'avait enlevé une partie de moi-même. Oui, je me sentais bien faible en en sortant et ça me revenait en tête que certains disaient que ça retire de la vie de se faire tirer le portrait et que c'est comme un sortilège. C'est quelque chose de vampirique cette affaire et je me sentais pas bien, et encore moins parce que j'avais pas mangé pour avoir la taille plus fine dessus. Le photographe, qui était revêche, il arrêtait pas de me dire de me mettre comme ceci et comme cela. « Plus haut la tête, plus droit le dos, plus loin la main sur le dossier de la chaise. » Je sentais que mes membres se raidissaient et des fourmis me remontaient du poignet à l'avant-bras. « Voilà ! Parfait ! On ne bouge plus. » J'ai sursauté et j'étais encore aveuglée quand le photographe m'a tendu mon ticket. Trois jours plus tard j'étais confortée dans l'idée que c'était bien diabolique cette affaire de photographie. Sur le cliché j'y voyais une ogresse avec une chevelure dont les grosses anglaises la faisaient ressembler à un caniche sur lequel on aurait fichu un canotier, pour rire comme dans une foire. De son visage lourd et comprimé pointaient deux yeux affolés comme si l'animal avait peur de se prendre une correction par son maître. La créature était engoncée dans une robe grossière et tentait de rentrer son abdomen aussi large que celui d'un ours. Oui, c'était cela, un ours qui aurait récupéré le pelage d'un chien des villes pour s'en faire une moumoute. J'ai aboyé méchamment : « Vous trouvez peut-être que c'est du joli de se moquer des gens comme ça ? » Puis je suis partie furibarde pour aller piétiner le canotier rangé dans mon armoire. Ah ça ! Aller chez ces charlatans pour constater qu'on est pas une reine de beauté et se le revoir dire tous les jours en passant à côté du cadre, faut être folle. C'est peut-être ce qui s'est passé avec Madame. Pas qu'elle se soit trouvée monstrueuse, mais que le photographe lui ait lancé un sort. En l'enfermant comme ça sur le papier, avec toutes ses belles pulsions de joie, il la destinait au gris.

Si ça tourne pas complètement rond chez Madame, Monsieur c'est pas vraiment mieux. Il fait des choses comme… Comme de manger debout par exemple ! À l'heure du petit déjeuner, il sort à toute berzingue de son bureau puis hop, il saisit au vol des choses préparées sur la table de la cuisine, sans même s'arrêter, et il file dans le salon de musique. Ça, franchement, est-ce quelque chose que font les gens de la haute ? C'est pas des manières. Il me fait des miettes partout sur le chemin et il avale tout rond, regardant par la fenêtre le parc devant la maison. Ce grand escogriffe, avec son larcin dans les mains, je le vois gros qu'il guette le pas de Madame à l'étage. Et d'une miette, et de deux… *Pok, pok.* Il connaît très bien ses horaires. À neuf heures, par exemple, Madame va faire sa toilette. Si à neuf heures cinq il a pas entendu de bruit là-haut, il commence à jeter des coups d'œil à la montre à gousset qu'il a dans sa poche de veston. Et si à neuf heures vingt rien ne s'est encore fait entendre, il prétexte alors des choses à me faire chercher à l'étage, tout ça pour que je vérifie que tout va bien. Faut me voir avec mes gros sabots lui demander n'importe quoi, comme : « Le coq vous a laissée dormir convenablement, madame ? » Le chat et la souris… À quoi ça sert de pas s'adresser la parole si c'est pour ainsi penser à l'autre tout le temps et donner du labeur en sus aux domestiques.

Bah ! Mallora et Abel ont grandi dans ces rapports, et à moi, ça m'est vite devenu naturel. Après tout, mieux vaut éviter les mots s'ils sont superflus ou blessants, et il y a de l'amour dans la maison. Silencieux, qui se cache derrière des rancœurs et des postures, mais de l'amour tout de même.

Moi j'ai mes occupations et d'autres choses à penser. Il faut laver et repasser tous les habits de la famille, briquer, cirer, aller au cimetière fleurir les tombes. Et surtout il faut aller chercher les légumes et les aromates de saison au potager avant de décider de tous les menus de la semaine. Les petits pois en mai, les aubergines, les courgettes en été, les courges en automne, les carottes, les panais en décembre... Août c'est un régal pour les fruits, pêches, nectarines, abricots, mirabelles et même myrtilles. C'est le mois d'Abel !

Les plantes c'est ma spécialité depuis toujours. Depuis toute petite ça me plaît de savoir qu'y a des remèdes aux maux et que manger c'est pas que se gaver la panse. Le thym dans le bouillon, qui aide à digérer après les fêtes. Le millepertuis qui chasse les soucis accumulés dans le grenier de la pensée. Puis il y a les mots qui sauvent et qui accompagnent la guérison. Des mots que ma grand-mère m'avait transmis, des mots de remégeux et qu'on trouvait avant dans certains livres. « Le diable lie, l'ange délie, le Christ guérit. » « Rien ne doit être exécuté ou espéré sans l'aide et le secours du père même de la médecine, Jésus-Christ, le vrai et unique médecin. »

Je sais depuis enfant que pour empêcher les chiens d'aboyer il faut prononcer la phrase : « *Ray roy lamitabat cassamus.* » Que pour aider celui qui manque de sommeil depuis plusieurs lunes il faut écrire « Exmael, Exmael » sur une feuille de laurier et la glisser sous sa tête. Contre les assauts du diable il faut broyer du nerprun, de l'ail, du fenouil et de la bétoine, bénir ces plantes et les mélanger à de la bière en chantant trois fois : « *Deus, in nomine tuo salvum me fac.* » Et il y a les noms des bons et des mauvais anges qui se disputent les souffrances des hommes et leur guérison. L'ange Michael qui chasse Rhyax qui cause les maux de tête : « Michael, enferme Rhyax ! » Uriel qui chasse Artosael qui donne des maux aux yeux. Adonael, les douleurs de reins causées par Methathiax.

Dès mon arrivée, dès ma première rencontre avec Madame et Monsieur, j'ai pensé qu'il serait bon d'invoquer Eae, Jeoo et Sabaoth. Ce sont les trois anges qui chassent Katanikoatel le démon des disputes et des litiges. Pour ceux-là il est important de bien inscrire le nom de leur ennemi sur une feuille puis d'y mettre le feu. Autant dire que chaque pièce de la maison y a eu droit. Le feu purifie. Le feu efface. Il est nécessaire quand le vice est trop accumulé. Le feu c'est comme un balai qui évacue une bonne fois pour toutes ce qui s'est agrégé. Je vais te faire un grand ménage, moi.

Mallora, elle est intéressée par ce domaine des plantes que je lui enseigne. Bien sûr, on évite d'en parler à Abel qui pourrait par inadvertance l'évoquer devant Madame, ce qui la ferait pas sourire vu que c'est une fervente catholique. Madame, elle doit pas penser que ce soit compatible avec la foi tout ça. Quant au père Edmond, une fois il a trouvé mes petits mots brûlés dans des soucoupes mal dissimulées derrière les rideaux. Il m'a passé un de ces savons… C'est très mal pour lui ce « syncrétisme ». Il dit en gros que si tout le monde y va à sa sauce, tout deviendra relatif et que l'Église finira par disparaître. Il dit que c'est comme pour les gâteaux. Il y a une recette et point barre, sinon ça verse dans le répugnant. On ne court pas plusieurs lièvres à la fois sinon on y perd son ombre. « Vous croyez en notre mère l'Église, Élise ?

– Pour sûr mon père que j'y crois ! Vous me prenez pour qui ?

– Eh bien cessez vos petits jeux de sorcière. On ne plaisante pas avec les démons et les anges. Vous allez faire entrer le mal dans la maison si vous continuez. »

Je m'excuse. Je suis une bonne chrétienne. Je fais mes prières. Je vais à la messe. Je suis rigoureusement le carême. J'essaie juste de mettre le plus de chance possible de mon côté. Je vois pas ce que ça lui enlève à la religion de l'épauler un peu. Faut toujours que tout transite par d'autres qui comprennent tout mieux. Moi je la comprends pas la religion, mais je la ressens ! Moi quand je vois un jeune aider une vieille à porter des choses j'ai cet élargissement dans le cœur et dans le ventre qui me donne envie de pleurer. C'est ça aussi la religion, et les paraboles merveilleuses ! C'est pas que des paroles froides et qui sermonnent. Mais les hommes sont comme des enfants, quand ils grandissent il leur faut de nouveaux parents. Les hommes ont peur d'eux-mêmes et de la liberté.

C'est dommage, à une époque, la religion était à tout le monde. Les saints étaient de chez nous. De chair et de sang. On nous les a pris en en faisant des êtres immaculés qui flottaient plus haut, parmi les puissants du royaume des cieux. Mais au moins on nous a laissé ici-bas les plantes et les animaux, alors, je me contente d'enseigner le pouvoir des plantes à Mallora. Généralement Abel de toute manière ça l'ennuie notre cueillette et il part discuter avec Justin. Ça tombe bien, l'art des plantes pour moi c'est un art féminin. La syphilis ? Mallora sait pas ce que c'est mais elle répète après moi : « Pour guérir la syphilis, utiliser de la poudre de barillet avec du citron en couche dans un bandage chaud à changer toutes les six heures. Pour éviter les cauchemars : mélanger des clous de girofle à des pelures d'oignons, en faire un ballot, comme ceux de lavande pour le linge, et le mettre sous les draps. Pour les problèmes de circulation ? Trouver des herbes rampantes à hacher et les mélanger à une omelette d'œufs de caille. » Ça paraît facile comme ça hein, mais ce bon sens et ces recettes c'est des siècles de transmission. Des femmes qui se les chuchotent à l'oreille de mère en fille, de belle-mère en bru, de grand-mère en petite-fille. On se refile des astuces secrètes entre nous comme celle des cataplasmes de sauge et de l'infusion, parce qu'au bout d'un moment les enfants ça commence à bien faire et que c'est nous qui les portons. La sauge, y a des fois où ça fonctionne et d'autres où le Seigneur a décidé que la vie devait pas s'en aller.

Pour moi ça a marché et j'ai pas eu l'enfant.

Je m'en rappelle bien de cet apothicaire pour lequel mon père travaillait. Ce monsieur si propre et si comme il faut, et qui aidait une pauvre âme comme mon père en l'embauchant pour décharger ses livraisons de marchandises de plantes, de bocaux et de fortifiants. C'était un temps où l'absinthe était à la mode pour soigner les souffles au cœur et fluidifier le sang. Il en servait des bonnes rasades à mon père, lequel était jamais le dernier pour boire, ça ! Il tombait comme une souche mon père et il ronflait à en réveiller les morts. Un soir, il était tellement rond qu'avec sa cigarette il a déclenché un début d'incendie. Moi je me suis réveillée avec l'odeur. La couverture de son lit avait commencé à brûler et ni mes cris ni l'eau que je lui ai renversée dessus n'ont réussi à le réveiller ce soir-là. Le lendemain, comme d'habitude il se rappelait de rien. Et certainement pas de comment il était rentré, contrairement aux voisins qui l'avaient entendu tomber et maugréer à chacun des paliers. Il disait, mon père, que c'était sûr qu'il y avait un dieu pour les alcooliques. Je pense qu'il a raison mais que du coup il n'a plus de temps à consacrer à leurs femmes et à leurs enfants.

L'apothicaire savait très bien ce qu'il faisait en saoulant le paternel. « Monsieur Émile, vous êtes un bon employé. Vous avez bien mérité un autre verre de cette bonne absinthe », il disait, et le liquide vert et pernicieux coulait tel le serpent dans le verre, fascinant, ondoyant et chargé de sa cohorte d'illusions mouvantes et momentanées : l'instant qui existe soudainement, le premier feu dans le ventre qui irrigue les veines et qui fait revivre, l'enthousiasme, l'amitié, l'intérêt, l'exaltation, l'orgueil, la folie et la colère. Cul sec. Cul sec. Mon père aurait pu remarquer que l'apothicaire qui rognait sur le moindre centime pour le payer devenait subitement très généreux avec son absinthe. Mais non, là où il était question d'alcool mon père croyait en une généreuse fraternité des hommes. L'alcool ça adoucissait les rapports et ça faisait fondre la glace. L'alcool ça faisait chanter les cœurs et ça soulageait le dos et l'esprit de la difficulté des choses. Fausse communion, que tu trompes bien ton monde ! Mon père buvait et l'apothicaire tournait son alliance sur son annulaire boudiné, me lançant des regards à peine dissimulés. J'avais compris, même jeune, que la gentillesse tout de go entre les hommes est plus rare que l'encens. La légende voudrait que la vraie camaraderie soit l'apanage des hommes. Je suppose qu'on a cette idée parce qu'ils rêvent ensemble tandis qu'on doit se charger de ce qui peut pas attendre. Rêvez enfants, rêvez… C'est important, mais en attendant : « À table ! » et ils sauceront bien deux fois plutôt qu'une. Les grandes idées se mettent pas en pratique avec le ventre vide.

Entre hommes il faut être *rusé comme le serpent et pur comme la colombe*. Les hommes, dès qu'une femme entre dans l'arène, ça te les retourne. Au café tiens ! Si l'un d'eux débarque avec sa fiancée… Au départ tout va bien. Ça chante et ça se chahute, on crie à l'amitié et on se met des claques dans le dos. Le fiancé est heureux et l'alcool le fait lentement naviguer loin de la vigilance qui devrait être son cap. Il est rond, ça y est. Ça chavire. Les gars le taquinent, fort, ils se moquent pour que la dame entende. Le lendemain le fiancé ressemble à un enfant. Il sait, même s'il ne reconnaîtra rien. Il a pas tous ses souvenirs mais son ventre est là qui le lui rappelle. Et elle, elle ne le voit plus de la même manière. Elle pourra essayer d'oublier mais ce sera là. Cette meute des corps des hommes. Le roulis des muscles. L'odeur de la bière et de la transpiration. La cohue des cris, des poignes qui cognent, qui se serrent, qui se crispent. Le plancher humide de mousse et d'alcool. Le sol qui couine et qui poisse. Cette odeur. Et eux qui rôdent, se faisant les griffes sur celui d'entre eux qui a flanché.

Mais l'ivrogne oublie et recommence. On a pu le voler, l'humilier, le battre. Il a pu tout perdre qu'il recommencera, car il veut de nouveau accéder à ce tout premier instant de l'ivresse, le ressentir, celui qui apaise son âme et son corps, celui qui éloigne les barreaux restrictifs du quotidien dans lequel il se sent isolé. Il veut encore avoir foi en lui et en les autres. Ça, c'était mon père. C'était son but de la journée, son espérance. Qu'il ait su pour l'apothicaire ? Dans le fond, je pense que oui. Moi, j'ai pas osé dire non. Un peu parce que j'avais peur que mon père perde son emploi. Un peu parce qu'à nous les femmes on nous apprend à pas faire d'histoires. Un peu parce que je me demandais si j'avais pas montré malgré moi des signes d'encouragement. Parce que je savais l'effet que mon corps faisait et que c'était toujours comme s'il les encourageait. Peut-être aussi parce que je me sentais flattée que l'on s'intéresse à moi. Parce qu'il était gentil l'apothicaire et parce que c'était plus facile que ça se fasse plutôt que de dire non, de toute manière. Faut pouvoir se le permettre de dire non. Puis, après tout, c'était pas grand-chose. Toutes les femmes en passent par là, et les princes charmants, ça court pas les rues. Après la chose on remontait dans la boutique et il m'apprenait le nom des plantes et des onguents qu'il vendait. Il m'a même embauchée à la caisse. Par contre, quand sa femme passait vérifier les comptes, là il me donnait du *vous*. « Élise, qu'est-ce que je vous ai dit... Et la pesée Élise ? On alourdit légèrement lors de la pesée Élise. Vous n'en faites qu'à votre tête, sapristi ! » « Oui ma chérie ? Oui, un retard de paiement des Prévard. Elle doit passer cette semaine, ne t'en fais pas. Je ne lui ferai plus crédit. Ah ! Ma chérie, j'oubliais, je risque de rentrer un peu plus tard ce soir pour le dîner, la livraison de Lyon, tu sais bien. » La journée passait, puis la boutique fermait et c'était le même rituel quotidien de l'arrière-boutique. Ce qui me choquait le plus je crois, c'était son mépris pour la chair, son désintérêt, que j'observais par le fait qu'il faisait toujours la chose tout habillé. Il se contentait de sortir son machin et, comme un acte mécanique, il se reboutonnait après et passait à un autre sujet. Ce n'était donc que cela pour lui ? C'était comme manger ou boire cette affaire.

Le pire c'était quand sa femme partait visiter sa famille dans le Nord. Là le nombre de « rapprochements » se multipliait. C'est après une de ces fois que j'ai su que j'étais grosse. Quand je le lui ai dit, j'ai compris ce que l'expression « blanc comme un linge » voulait dire. Il aurait rendu jalouse n'importe quelle blanchisseuse l'apothicaire. Ses lunettes, rattrapées par ses grosses joues, lui glissaient sur le nez. C'était des lunettes en demi-lune. Il en tapotait la monture comme s'il faisait un calcul. Finalement il a été convenu que « dans ces conditions » il n'était pas question que je reste travailler à la boutique. Bien sûr il a aussi précisé que cela ne jouerait en rien sur la situation de mon père. Pour que je puisse « prendre un nouveau départ », il m'a réglé mon mois, mais aussi plus pour le « désagrément ». À la fin j'étais complètement embobinée. C'était tout juste si je lui avais pas embrassé la main pour le remercier de son bon cœur alors qu'il m'avait signifié de faire « ce qu'il fallait » pour l'enfant. Il restait plus blanc que blanc et j'étais vouée à l'enfer. Tu parles que lors de la pesée des âmes le Bon Dieu se rappellerait de la langue molle et de ses petits cris. En attendant c'était tout pour moi. La sauge, en infusion. Son goût, âcre. Les poings dans les ovaires qui les saisissent et les tordent. Le liquide, noirâtre, rouge. La capsule de peau, grasse. Toute petite. Déchirée. Ce poids, chaque année, de savoir l'âge qu'il aurait eu. Mais la libération, aussi, d'avoir pris cette décision.

Les plantes, c'est depuis ce jour que j'ai compris que c'étaient des bonnes fées qui permettent de rétablir un peu de justice là où ça en manque. Elles sont amies ou ennemies, ce sont des reines impétueuses. Il y a Dieu au-dessus et les plantes ici-bas. Elles peuvent rendre la vie ou l'enlever. Comme les femmes. Ça m'étonne pas que les grandes empoisonneuses soient de notre sexe. Ce qui m'étonne, en revanche, c'est qu'il y en ait pas plus pour rééquilibrer le plateau de la balance.

Quand Justin a fait sa bêtise avec les champignons, heureusement j'étais là. Du sureau, du sureau, j'en cherchais partout du sureau. Il délirait salement Justin. À propos d'une femme qui l'aurait mal traité. C'est ce que j'avais compris en tout cas. « Je veux plus Élise, il disait Justin. Je veux plus continuer. Le service en cristal, je l'ai brisé. *Pas assez noble. Arrête le piano.* Je t'en prie. Qu'elle arrête de me torturer. *Un rustaud. Un Rustaud.* Je ne veux plus, je ne veux plus. »

J'ai eu toutes les peines du monde à la lui faire boire ma tisane. Une demi-journée de route, que j'avais fait, pour venir le soigner, alertée par les grands-parents. C'était moins une.

Il a vomi. Il s'est vidé bien comme il fallait. Bon enfant ; il était si faible que je le faisais manger. Il était jeune alors Justin. Et moi aussi.

Les jeunes hommes c'est fragile car leurs émotions sont encore vives. Il était amoureux pour la première fois et ça a fauché quelque chose en lui. Il a plus jamais voulu entendre parler de femme, Justin. « Ça va passer Justin. Le temps, c'est comme une mosaïque, tout est lié et si on voit pas le pourquoi maintenant c'est parce qu'on a trop le nez dedans. Tu verras qu'y avait une bonne raison. » Le dessein ? À ce moment-là je pouvais pas savoir que, bien plus tard, quand je serais revenue m'installer dans le coin, je serais amenée à travailler chez cette femme pour laquelle il avait essayé de s'ôter la vie. Madame.

Les rituels, c'est des choses qui permettent de bien se lancer dans la journée. Du plus loin que je m'en souvienne, la première chose que je fais le matin c'est les carreaux. Pourquoi ? Parce que ça me permet d'avoir une idée plus nette de ce qui se passe quand j'ai chassé de la surface du verre la buée, la rosée ou la crasse. Je le fais ici aussi et c'est comme ça que j'ai appris à aimer leur grande maison. Il est dix heures et Abel est déjà dans le parc. Ce jardin est beaucoup trop grand pour Abel, beaucoup trop, trop comme il faut, rigide, et il ne vient pas à sa rencontre. Alors je vais derrière mon carreau et j'efface lentement la buée qui le couvre mais juste au niveau de la silhouette d'Abel. En prenant bien garde à laisser le flou qui l'encadre. Ça y est, Abel est lié à l'univers et il n'est plus seul. Il est là à regarder à droite à gauche, les branchages délicats semblent s'approcher de lui. Le vol des hirondelles se démultiplie. C'est vert, brun, gras et onctueux comme mixture.

Chaque fenêtre de la maison de Monsieur et Madame donne à voir sa saison préférée. Imaginez. Celle du salon de musique, le printemps : Mallora et Abel boivent de la citronnade. Ils feuillettent des livres sur une table blanche et rouillée disposée sur la terrasse en pierre. Le ciel est clair, l'arrosoir rutile perdu dans l'herbe et leurs visages éclatent de nudité dans ces premières tonalités franches du printemps.

L'été, je l'observe depuis la fenêtre de la salle de bain de l'étage. C'est bien la seule période où elle est agréable : il y fait frais. Le bloc de savon jauni et durci repose sur le rebord de la baignoire. Une grosse bouteille de Cologne exhale son odeur médicinale citronnée. Les serviettes rêches donnent envie de se récurer la peau du dos et de poser ses pieds nus sur le carrelage frais. Abel est en bas et le ciel est d'un bleu dense et compact. Il court jusqu'au baquet de ferraille installé sur la pelouse.

L'automne se fait à la fenêtre de ma chambre quand je l'ouvre dans le crissement des feuilles mortes accumulées sur son rebord : au loin derrière l'allée d'arbres aux feuillages brunis, un homme en pardessus est accompagné par son chien sur le sentier gris. L'automne n'existe pas sans les marcheurs et leur chien qui trottine. Ça donne un air profond à n'importe quelle silhouette l'automne.

Les fenêtres de la cuisine qui donnent sur le potager, c'est au début de l'hiver que c'est le plus beau. Abel et Mallora habillés de sombre font comme des corneilles volant au milieu de l'orange des caisses de carottes, des potimarrons et des quelques citrouilles, avec ce ciel blanc qui fait bien ressortir leurs tonalités chaudes. Leurs deux petits visages mie de pain accompagnent dans la cuisine les cucurbitacées prêtes à être jetées dans la marmite. Je sens l'odeur humide du bois, le feu qui craque, bave et crépite. La mousse a une légère odeur de champignon et de renfermé et moi je vais chercher de nouvelles bûches malgré mes jambes qui grincent.

Les belles soirées d'hiver... On bourre la cheminée de brindilles et de vieilles coupures de journaux qu'on tisonne avec les braises. Des bûches humides s'écoule une salive blanchâtre qui sort de sous l'écorce et qui pétarade. Les flammes s'enroulent chaudes, fascinantes et teintées de l'encre des coupures. Je découpe grossièrement les légumes et les patates. La fécule épaissit le tout sous le roulis de ma cuillère en bois.

Les deux, ils ont jamais vu la mer et moi je leur raconte. Je leur raconte que ça fait peur et qu'on n'a rien à leur envier à ceux qui disposent de ces paysages infinis qui apportent rien de sûr. Nous on a pas besoin de cet ailleurs toujours au loin devant les yeux. On est bien là où on est. Ça rassure, ce qui sait s'arrêter à temps. Abel est d'accord avec ça parce que c'est un caractère terrien, un caractère de chez nous. Mallora, en revanche, elle a les yeux au loin, comme la mer.

C'est fou que des enfants comme ceux de Monsieur et Madame ils aient pas voyagé. Mais Madame est trop occupée avec son ciel, Monsieur avec ses photographies...

Alors dans cette cuisine qui devient comme une chaumière perdue dans les bois, je repousse la mort et la tristesse en racontant. Je raconte et je crée la vie de mes écheveaux de paroles rouges, jaunes, verts. L'espace grossit et je vois des bulles de rêves apparaître au-dessus des têtes aux cheveux brillants d'Abel et Mallora. « Il était une fois... » Leurs regards ! Ils voient au travers ! Par la brèche que la lame des mots ouvre.

La réalité suffit pas, et ça aux enfants comme aux adultes. Je raconte l'histoire du chef d'orchestre qui effaçait les notes sur ses partitions parce qu'il était jamais assez sûr de lui. Passé à tabac par sa clef de *sol* qui en pouvait plus de lui après toutes ces années. Je m'inspire de l'esprit des mares, des cours d'eau et des feux follets. Je parle du dieu du feu qui est implacable, féroce. Qui vit dans le tronc noueux des arbres, dans la sombreur des nuages, sous terre et dans le frottement des cailloux des chemins. Justicier, il guette et emporte ce qu'a construit l'homme, ce benêt qui pensait l'avoir amadoué, domestiqué. Il est comme la peste. Léger, impalpable, il marche, court, danse et détruit en un ballet grandiose. Des monuments gonflés de superbe disparaissent sous ses langues, des forêts millénaires, des civilisations. Il a suffi de pas grand-chose et il est là. Il est là et il existe, pour lui-même. On croit qu'il nous permet de vivre et de supporter la rudesse du vent et du climat. Il descend la cire de la bougie, il s'agrippe aux rideaux, dévale les escaliers de ces bottes orangées. Et je raconte, je raconte, je raconte et je raconte. La ronde des saisons et des années passe, tandis que je coupe les cheveux d'Abel, qui poussent et repoussent sous le crissement régulier de mes ciseaux.

Abel

Hans était un bon épouvantail. C'est dommage que le Seigneur ne l'ait pas épargné. Mais comme ma mère le dit : « Que périssent par le feu ceux qui ont péché, rien n'échappe au Très-Haut. » Ma mère dit aussi : « Tu auras beau te cacher, Abel, si tu agis mal le Seigneur te retrouvera. Il peut te retrouver absolument partout. Même dans l'obscurité d'un sac de mil le Seigneur trouve la graine viciée. »

C'est justice, mais j'ai quand même de la peine pour Hans. C'était un épouvantail de belle humeur et cela en presque toutes circonstances. Malgré le soleil pointu qui cuisait ses nippes, malgré le givre qui les raidissait, il gardait son faciès placide et doux. Il avait l'air circonspect aussi, Hans. Ça c'est sûr qu'il se posait trop de questions et sa bouche ronde cousue au fil noir semblait toujours afficher une moue dubitative. Pourquoi Hans avait-il été créé avec cet air-là, nul ne le sait. C'était sa nature. On ne naît pas responsable du physique qui nous est donné mais il est certain qu'il influe sur nous. Il doutait donc beaucoup, Hans, ce qui était fatigant à la longue, vu que c'était pour me détendre que je venais le voir.

C'était le seul épouvantail du grand champ donnant sur notre vieille maison. Il s'y sentait seul et avait pour but de devenir ami avec les oiseaux. Et pourquoi qu'il avait pas d'ailes pour rigoler avec eux, et pourquoi qu'il avait pas de bec pour fondre sur les saumons de Norvège… Il n'en finissait plus de se questionner. C'était ce qu'on appelle un destin contrarié.

Quand j'allais le rejoindre, on observait ce qui se passait chez moi. Par les fenêtres je voyais mes parents, ma sœur, Élise, tous dans des pièces différentes. Du champ, je voyais aussi, derrière la maison et la surplombant légèrement, les croix de pierre poudreuses des tombes du cimetière ; ça lui créait une couronne gothique. Une couronne granitique et cendrée, tragique, faite de pierre et de lierre. Avec Hans, on se disait que c'était intéressant ce champ vivant d'un côté, sur lequel reposaient nos derrières, et ce cimetière pas loin. En observant, je mâchonnais des grains de maïs encore verts, chose qui faisait bisquer Hans qui était censé en être le gardien. « Tu vas me faire perdre mon gagne-pain, Abel, si tu continues ! » Mais moi je continuais, malgré ses remontrances, à scruter la déambulation des miens défilant comme des ombres chinoises dans le décor de cette maison plantée entre le champ et le cimetière. C'est à cause de cette situation particulière, je crois, que chez moi on n'est pas vraiment vivant et déjà un peu mort. On est à la frontière. La mort de toute façon, elle chemine sur chaque visage dès qu'il s'absente à lui-même. Puis elle décide sur qui elle se fixe.

Ma mère, elle, elle le sait. Elle passe presque toutes ses journées à la fenêtre. Assise sur sa chaise, sa frêle stature regarde l'horizon. Hans disait qu'elle contemplait la vie qu'elle aurait pu avoir, mais moi je sais que c'est sa vie d'après ce qu'elle contemple. C'est le ciel, en haut, qu'elle observe, ma mère.

À moi, les nuages en corolles me font penser à l'écume que font les choses quand elles cuisent dans l'eau, ou à des paupières humides et gonflées.

Ma mère peut les nommer, les nuages, mais elle connaît surtout les étoiles et la symphonie que font les astres quand ils dansent. Selon elle, la machinerie du ciel est comme une boîte à musique bien huilée que la main de Dieu remonte éternellement. Elle fixe le ciel comme une aventurière en rade qui regarderait sa boussole. Ça regorge de signes, de visions mystiques et de présages. Si elle ne saisit pas la vie quotidienne à pleines mains, c'est pour mieux se garder une place là-haut. Elle attend. Détendant ses traits, que la mort s'y accroche.

Hans me demandait si lui aussi irait au ciel. « Quand les squelettes tresseront les maïs, oui… », je répondais. « Je plaisante, va. Mais tu sais, je ne te le souhaite pas, parce que le Dieu dont me parle ma mère, c'est pas un doux. » Le Dieu que ma mère décrit, c'est celui qui tempête et qui colère, et ce qu'elle aime plus que tout, c'est quand Il fait éclater l'orage. Ma mère dit que les Grecs et les Latins, *ces peuples aux mœurs viciées*, ont tenté de nous voler la foudre originelle en la mettant entre les mains de Jupiter. Cette foudre appartient au vrai Dieu, celui qui châtie les impies, celui des temps obscurs relatés par l'Ancien Testament.

Depuis petits, moi et ma sœur on les attend les orages. Parce qu'on aime avoir peur, que c'est un spectacle gratis et surtout parce que ça marque comme une trêve entre nos parents. Quand on entend gronder, avec Mallora on laisse ce qu'on est en train de faire pour courir le plus vite possible jusque dans la chambre de notre mère. Là, silencieux, on se met près d'elle tandis que mon père reste à l'écart derrière nous, comme un invité timide, et on attend tous que le spectacle commence au travers de l'écran panoramique de la fenêtre.

Ça mûrit, ça tonne. L'horizon devient comme un toton tournant autour de la maison. On reste dans l'obscurité, juste éclairés par les stries de l'orage. Le ciel vire framboise par endroits, ça crache. La foudre qui marbre le ciel est suivie par la cavalerie des sons. *TAM tamtamtam TAM*. Le crucifix au mur avec les éclairs se dédouble, son ombre immense en grand sur le mur. Que ceux qui ont péché périssent par le feu ! Ma mère, subjuguée, sourit, et moi, plus que le spectacle, c'est ce moment que je guette. On dirait une enfant avide de sensations, et mon père, même s'il est derrière, je sais bien que c'est ce sourire de ma mère que lui aussi essaie de percevoir, derrière sa nuque droite et son chignon strict. Dans ces moments elle peut même se laisser aller à me caresser la tête, par réflexe. Ça la rend tendre cette cacophonie et ce suspense de ne pas savoir où la foudre va tomber. L'atmosphère fraîchit, les tambours roulent : il va pleuvoir et ma mère crispe ses mains sur les accoudoirs de sa chaise devant tout ce vacarme et ces merveilleux escrimeurs à jambes élastiques que sont les éclairs.

Quand il était encore des nôtres, Hans avait un rôle central dans les orages. C'était le personnage de la pièce qui se jouait. Pris dans le châtiment, la rage de la nature. S'en sortirait-il ? Hans s'en recevait plein la bobine, des torrents d'eau, mais il restait fidèle au poste comme un commandant de navire que les rafales tenteraient d'emporter au loin.

Hans dansait, dansait, tandis que nos pupilles étaient harponnées à la nef chapotant les paysages, ténébreuse, orchidée par endroits. Je crois qu'une éruption volcanique ne nous aurait pas fait plus d'effets. Les vaches, qui avaient arrêté de paître, meuglaient, regroupées pour se protéger les unes les autres, et Hans virevoltait, possédé et pris dans sa chorégraphie. Ça pétaradait sec et à l'apogée du spectacle les phalanges de ma mère étaient devenues blanches.

Quand l'orage était fini, notre groupe factice se désagrégeait. Moi, je retournais dans le champ avec mon panier à escargots pour discuter du spectacle avec Hans. « C'était un bel orage, hein, Hans, t'as bien tenu l'choc ! je lui disais. T'es un valeureux, Hans. Tu peux être fier de toi. J'ai bien vu de la fenêtre ce que c'était difficile et qu'on essayait de te déraciner. Y en a pas deux aussi tenaces que toi ! Tu forces le respect, Hans. » Et je le flattais en lui remettant son haut-de-forme droit.

Après l'orage, le calme revenu, l'air est humide et apaisé. La terre tiède glougloute, l'eau pèse sur elle d'un poids ami. Le vent est désormais doux et parfumé comme l'aile fraîche des anges et les branchages, les champs et le gravillon des sentiers exhalent le tendre, la mollesse et le cuit, massés par les godillots des villageois qui s'en retournent à leurs affaires. Après la tempête, ça ressemble à une orange humide qui attend sous son feuillage notre contrée et les silex sont rendus à leur vraie couleur ferrailleuse. Les batraciens, pris d'hybris, ont l'impression d'être les rois du monde, les tritons, secoués, ont fait du manège à l'œil. Les mirabelles tombées se font picorer par les corneilles, qui s'en mettent partout tandis que les mésanges recommencent à voleter haut. Les vers se tortillent sur le sol, les limaces occupent les perrons et les marches d'escaliers menant aux potagers. Ça meugle et ça exhale la bouse fraîche. Avec le sol détrempé impossible de la distinguer, la bouse… Et moi, après avoir ramassé les escargots baladeurs dans mon panier, j'en ramène plein sous mes semelles, ce qui fait pousser des cris à Élise qui va devoir tout nettoyer.

Élise porte sur l'arrière de sa tête un foulard rigide qui fait comme l'allonge de poupe d'un bateau. *Moussaillon*, elle ne perd jamais le nord grâce à sa stature bien campée, les jambes toujours légèrement écartées comme pour contrer le roulis de la rotation terrestre. Comme un flibustier a son vocabulaire, Élise est pleine des dictons de la région, son bateau à elle. Ah ! elle la connaît depuis l'aube du monde sa région, nul mal de terre.

Selon elle, chez nous on bénéficie « du meilleur de tout ce qu'on peut avoir ». Élise aime le climat ariégeois, ce qu'il ne lui rend pas car l'humidité fait grincer ses jambes. Elle l'aime pour cette humidité, ce climat, grâce aux pluies la végétation y est luxuriante. C'est un mi-cuit notre région, plein d'espèces de plantes, et c'est son truc les plantes. Élise a enseigné à Mallora des recettes pour guérir de certaines maladies. Moi, ça ne m'intéresse pas. Ce qui doit advenir advient.

Élise pense que j'ignore qu'elle fait brûler des mots dans la maison. Elle ne peut pas s'en empêcher mais je suis le vrai maître du feu ! Moi, Abel. Comme le vent d'autan, je fonce sur le cheval qu'est mon nom et qui veut dire souffle. Gare à vous, désobéissants et vaniteux !

Pour savoir le temps qu'il va faire, Élise n'a pas besoin de regarder le ciel. C'est son coquin de corps qui la prévient. Quand il va pleuvoir, ses os se raidissent et rouillent à s'en casser à l'intérieur de ses jambes. Ils deviennent lourds, ils grippent et cela lui fait un mal de chien. Même de s'asseoir ça lui devient pénible. Elle parle de ses jambes Élise, mais elle dit que ça aurait pu être pire. Elle en revient systématiquement à l'histoire de sa tante Dragona – histoire scabreuse que ma sœur n'a jamais voulu entendre, mais qu'Élise raconte quand même. Sa tante Dragona était née avec une maladie du système lymphatique. Plutôt qu'à un dragon, c'était à un éléphant qu'elle ressemblait avec ses jambes énormes et gonflées. Ses jambes étaient molles et parcourues de veines bleues qui, là où elles se croisaient, formaient comme des billes de sang violettes. Ses pieds n'avaient plus forme humaine non plus, elle n'avait plus de chevilles… Ses pieds, c'étaient deux cachalots échoués. Elle se déplaçait à petits pas et faisait trembler ce que contenait son buffet, tinter les verres en cristal, remuer même les assiettes. Le gouvernail qu'était le bassin de la tante Dragona orientait le tout. Un pas ! Un autre ! Les pots de confiture de mirabelle en chocottaient de peur de cette lente avancée vers eux de la tante Dragona. C'était un supplice odieux que d'entendre ainsi leur vorace ennemi se diriger pas à pas dans leur direction. À chaque pied posé à terre, un couvercle de conserve sautait. *Pim, Pam !* Une couronne de fleurs séchées qui avait tenu le coup une bonne décennie se trouvait déplumée d'un coup. *Vlan !* Le fil auquel pendait un cadre représentant son grand-père en uniforme de soldat rompait à son passage. *Tchak !* Bien sûr la tante Dragona ne pouvait plus monter les escaliers et ne se servait plus que du bas de sa maison, rez-de-chaussée où elle avait installé son lit non loin de la cuisine. Élise disait qu'elle était morte empalée par les ressorts vengeurs de son matelas, un soir qu'elle avait particulièrement abusé de pain frais et de confiture d'abricots. Élise disait que cette nuit-là elle avait été réveillée par le bruit de pas du fantôme de la tante Dragona et que c'est de cette manière qu'elle avait su qu'elle était morte. Les fossoyeurs avaient demandé à être payés le double avant d'accepter de porter le cercueil au cimetière ! Ils étaient huit et même si c'était le plein hiver ils ruisselaient, les gars. C'est après la cérémonie, tandis qu'ils soufflaient au café, qu'une explosion, un bruit énorme, s'était fait entendre. Arrivés en hâte au cimetière, là, il n'y avait plus de terre recouvrant le cercueil de la tante Dragona, et plus de dessus de cercueil non plus d'ailleurs. Les gaz encore contenus dans son estomac avaient fait valdinguer le schmilblick en s'échappant à toutes trompettes et elle était là avec ses parpaings de jambes dans la robe blanche qu'on lui avait mise, comme un gros angelot au fond de son trou, les cheveux recouverts de flocons de neige pour adoucir la chose. On avait retrouvé le couvercle du cercueil encastré dans la marelle de l'école du village.

Moi j'en suis vert de ne pas avoir eu la chance d'être né à ce moment. Fallait que je rate l'évènement le plus spectaculaire de la région, tout ça parce qu'on avait pas eu l'idée de me faire exister à temps. Cette négligence, ça me rend chèvre… J'ai quand même été vérifier dans la cour de l'école primaire si le cercueil y a laissé une marque sur la fameuse marelle. J'ai cru en déceler une, oui ! Tout ça pour dire qu'Élise prend souvent l'exemple de la tante Dragona pour dire que ses guibolles à elle, elles lui pèsent pas tant que ça et que ça permet de savoir si un orage se prépare. Ça la rend prévoyante, cette affaire, Élise, et quand je la vois soudainement s'affairer pour rentrer les bûchettes pour le feu je pense au passé, à Hans, mon ami.

Hans, je n'avais pas le droit de lui tenir compagnie car son champ n'était pas le nôtre mais celui de Justin. Quand je le faisais, j'y rampais comme dans une tranchée, pour ne pas me faire repérer. Justin c'est le petit-cousin d'Élise. Je vais le voir chez lui depuis toujours, chose que mes parents m'interdisent parce que ma mère dit qu'il a « viré boit-sans-soif ».

C'est le plus fier quand il fait chabrot, Justin. Dans ces moments-là, sa stature et son port de tête le font ressembler à un césar, avec son avant-bras relevé à l'horizontale pour tenir sa cuillère à soupe, et sa manche de chemise qui tombe comme un drapé vers le bas. Ses cheveux se dressent sur les deux côtés de sa tête – il n'en a plus sur le dessus –, leurs bulbes émoustillés par la saveur des clous de girofle, du poivre, du lard et du vin agrémentant son potage.

Ça lui fait doublement cet effet quand il goûte l'eau-de-vie décantée de son alambic. Sous l'auréole tronquée de ses tifs, ses sourcils se soulèvent jusqu'au plafond et son sourire est bandé à en faire péter les carreaux des fenêtres. « Diantre que c'est bon ! Si tu pouvais goûter ça Abel, j'y ai laissé du cœur ! » Il dit ça tout le temps Justin, qu'il « y laisse du cœur », et aussi que plus on en laisse du cœur, plus on vit longtemps. « Qui se salue pas perd son ombre », il me dit aussi quand je lui parle des gens du village que j'aime pas. Les volets de Justin sont noircis à cause de la « part des anges », et il m'a expliqué ce que c'est. Quand les anges de l'alcool macèrent, il doit ne rester que les bons, ceux qui rendent joyeux les buveurs. Les mauvais anges brûlent dans l'alcool qui les chasse et laissent des marques là où ils se sont cognés en s'échappant. C'est ça la part des anges, le juste tri.

Justin est très savant et il m'apprend bien des choses pendant qu'on se promène en dégustant les grains oubliés sur les vignes par les vendangeurs. Il a un nez qui lui sert à reconnaître l'année de fabrication des breuvages. C'est une frise généalogique son nez, rouge et énorme. C'est un dolmen pourpre son nez, auréolé de croyances ancestrales. Il le touche et hop ! La sagesse lui tombe dessus et il se rappelle. Il se rappelle et me raconte en marchant, sa hotte sur le dos, les inondations qui ont détruit les vignes, période qu'il surnomme « le déluge ». Puis il y a eu la révolte des vignerons qui ont versé leur vin en protestation dans les rivières, et cette période il l'appelle « la marée sanglante ». Il se rappelle les « grandes épidémies » comme le phylloxera, qu'il nomme « la faucheuse ». La Champagne est vue par Justin comme une région où les habitants méritent tous de finir embastillés parce qu'ils pètent plus haut que leurs culs. Selon lui les bulles n'étourdissent que les riches et détournent du « corps du produit ». Justin méprise l'invention de la guillotine puisque le tire-bouchon a été créé avant. Justin sait l'histoire de France et de l'humanité et c'est toujours lié au raisin, chose que le sieur Darwin n'a même pas vue en élaborant sa théorie de la sélection naturelle. « Scientifique de mes fesses ! » Les oiseaux becquetaient les fruits pourris, les révolutionnaires révolutionnaient parce qu'eux aussi ils voulaient boire du vin comme les bourgeois. Les ciseaux des chirurgiens étaient désinfectés à l'alcool. La future élite de la nation se forme devant des verres de rouge à la cantine. Ça c'est sûr qu'il biture Justin, mais grâce à ces dates de boissons gravées sur sa fraise c'est la mémoire vivante de la région, auprès de qui les nostalgiques viennent se remémorer les évènements du passé. En plus de fabriquer des nouvelles boissons tout le temps, Justin vient visiter les jeunes et les vieux qui lui mettent toujours de la confiture de vieux garçon de côté. Ils discutent des incendies qui sont provoqués par le type dont les journaux parlent. Ils ont très peur pour les vignes ça je peux vous le dire. Il en a bien des discussions et il en connaît du monde Justin ! Les maisons qui le séparent du café à chez lui forment les stations du chemin de croix de son foie. Y a toujours un voisin pour trinquer et pour retarder son arrivée à destination. Il a toujours mal à la tête Justin, et il me dit quand j'arrive pour passer un peu de temps avec lui : « Ah ! Hier soir, Abel, j'en ai laissé du cœur. Mais qui salue pas perd son ombre ! Tu me croiras peut-être pas mais les rues du village tanguaient. Et personne pour s'en apercevoir. Je marchais sur l'échine de monstres souterrains qui essayaient de me faire dévier de ma route. Je devais me tenir aux murs des maisons du village. Tu imagines ça, Abel ? » Ça me fait peur cette affaire à moi. Déjà que j'arrive pas à faire mes lacets correctement, si en plus les rues s'y mettent pour me faire trébucher. Et, là encore, personne qui me croira.

Justin a un chien qui a un beau regard absent. C'est un chien léthargique et ils forment un drôle de couple quand ils déambulent l'un à côté de l'autre. Justin boite à cause d'une faux qui s'est retournée sur sa jambe quand il était gosse. Avec son chien, on ne sait jamais trop qui attend qui. Il s'appelle Pépé, le chien de Justin mais il faut prononcer *Peh Peh*. C'est un fox-terrier et il a la bloblote.

Je sais que l'on me regarde bizarrement. Je ressemble aux adultes oui, mais je n'en suis pas un. D'ailleurs les enfants le comprennent. Ils m'aiment les enfants et nous jouons aux mêmes jeux. Je pense que les adultes me jalousent. Ils aimeraient, eux aussi, pouvoir sauter à cloche-pied. Mais non ! Ils doivent aller travailler, et sur leurs deux pieds, puisqu'ils ont accepté de jouer le jeu. Ils ont accepté d'être adultes, qu'ils s'en prennent donc à eux-mêmes. Les « Tu te foules pas trop, Abel ? » qui me sont adressés c'est une preuve de cette jalousie. Ils n'ont pas eu le courage de rester des enfants, qu'ils étouffent sous leurs peaux de la semaine ! Moi, je m'en fiche bien de leurs médisances.

Ce qui est sûr, c'est que Justin est quelqu'un de fidèle en amitié. Il n'a jamais remplacé Hans et il n'a jamais eu honte de moi. Il a toujours été agréable avec moi Justin. Il ne me gronde pas, il ne montre aucune impatience, même quand je le bombarde de questions. Moi, en revanche, je ne suis pas un bon ami. Ce qui me fait dire cela c'est qu'avec Hans on s'est chicanés avant sa mort. Je pense que j'avais eu raison de m'énerver, mais je ne referais pas la même chose maintenant que je sais qu'il est mort juste après. J'étais venu le voir pour taper un brin de causette et il était tout arc-bouté sur sa nouvelle idée : il pouvait soi-disant comprendre la discussion des oiseaux. Moi je savais que c'était pas chose possible. Non pas à cause de la langue des oiseaux, mais simplement parce que Hans était un épouvantail et que les oiseaux le fuyaient. Ils volaient donc trop haut pour qu'il puisse les entendre. La conversation s'est envenimée. Hans mentait et il fanfaronnait. Il disait que lui aussi était un oiseau et que j'étais le seul à ne pas le savoir. Il disait que j'étais né de la dernière pluie et qu'il attendait la prochaine période migratoire pour s'envoler loin de ce trou où on vivait. C'était stupide et bas cette remarque et ça m'a fait monter la moutarde au nez. Chacun est arrimé à un lopin de terre et c'était pas cet épouvantail de malheur qui pouvait se permettre de rebaptiser le mien en « trou ». Ça m'a fait pleurer de rage. Je lui ai dit qu'il finirait seul et que le mildiou le rongerait puisque le Seigneur punit toujours ceux qui pèchent et que le mensonge est gravement répréhensible. Je lui ai dit qu'il était un orgueilleux qui se croyait au-dessus de la vie qui lui avait été assignée, que c'était un feignant à qui on donnait le logis et le couvert et qui ne faisait rien d'autre que bavasser. Si Dieu avait voulu que ce soit un oiseau il lui aurait donné des ailes. Hans ne voulait pas lâcher le morceau et me disait que si j'étais un résigné ça me concernait. Sous l'impulsion d'un coup de vent, il s'est tourné avec un air hautain pour clore la discussion. Je lui en ai mis un dans le tibia pour me venger et j'ai commencé à courir vers la maison parce que les prémices d'un orage se faisaient entendre. Élise rentrait du bois en hâte. La silhouette de mon père passait en courant devant la fenêtre du salon de musique et j'apercevais déjà ma sœur aux côtés de ma mère en haut. J'étais à peine arrivé à côté d'elles qu'un éclair énorme s'est abattu sur Hans. J'en étais bouche bée. Hans brûlait comme un cierge au milieu du champ. Il a fallu longtemps pour que la pluie éteigne les flammes. On était tous tristes et ma mère plus encore. Je ne savais pas que comme moi elle l'aimait, mais comme elle le disait : « Que périssent par le feu ceux qui ont péché. »

Ça fait agréablement couler le temps les histoires de Justin, celle de Rip Van Winkle qui après un somme dans la forêt se réveille vingt ans plus tard, celle de Johny qui chevauche des haricots sauteurs. Depuis que Hans est mort j'ai l'impression que le temps est de plus en plus compact car il est le fait des adultes. Les adultes bougent moins que les enfants et le temps autour d'eux se sclérose et grossit. Il pèse, il pèse. L'attente c'est terrible, à en avoir les bras qui touchent le sol. La nuque avance, on ne se tient plus droit. Quel ennui ! Par exemple quand on est malade. On est assigné dans ses draps, mou et la tête comme au fond d'un tambour. Toute l'excitation du monde s'accumule derrière la fenêtre à nous faire des pieds de nez. Quand on en sort, pauvre roi abandonné, tout le monde nous a oubliés et on n'est plus au courant de rien. Les hérissons nous snobent, les oiseaux ne se souviennent plus de nous. Ce n'est pas une vie de laisser les autres s'amuser à notre place. Moi, la plus longue des attentes que je me rappelle, ça a été à mes sept ans. Il bruinait et je refusais de rentrer parce que j'avais découvert que les plantes chantent sous la pluie. Elles ont soif les plantes, et quand la grande cruche du ciel lâche tout d'une fois ce qui leur est dû, elles s'en gargarisent et se délectent drôlement. J'observais les inscriptions sur l'arbre aux vœux du village. L'arbre aux vœux est situé non loin de l'Hers, près des deux plages de galets où les gens viennent nager et se bécoter. Sa grosse écorce rugueuse a sauté sous les coups de canif des gens du village, les morts ou les vivants, qui y ont inscrit des noms et des sentences qu'ils voulaient éternels. De toute la force de leur foi, ils ont enfoncé leur lame dans sa carapace. Ils ont découvert le cœur tendre du bois qu'ils ont scarifié. C'est un rituel solitaire ou qui s'effectue en tout petit comité. C'est un geste millénaire et l'arbre continu encore de porter dans sa chair tous ces rêves des gens du cru. Ce qui est écrit y existe pour toujours. Julien et Désirée, Marin et Anita. Même si Julien a cocufié Désirée avec Anita, leur subreptice amour est toujours visible aux yeux de tous. Il y avait aussi des serments d'amitié entre garçons : Arnault et Paul. Le fait d'inscrire des initiales faisant déjà mal aux doigts, il y avait peu d'adages sur le corps de l'arbre, ou juste des très courts – « Qui vol œuf bœuf », « Amour Lena toujours ». En tournant autour du tronc on remontait les lustres et les siècles, et moi je remontais les années du village et de ses habitants. C'était beau ce scapulaire végétal dédié à différentes croyances et secrètement caché au cœur de la nature. Je passais la pulpe de mes doigts sur les anfractuosités de l'écorce sèche et rassurante. L'odeur des fougères m'emplissait le nez, celle de la mousse aussi. Le soleil jouait entre les feuillages du rayon de ses dents. Ce jour de mes sept ans, la couronne des nuages a commencé à laisser tomber une petite bruine. Les oiseaux cuicuitaient, la lumière faisait danser tous ses volants de couleurs grâce aux gouttes. Les fourmis tentaient d'éviter ma main, besogneuses et énervées par cette irruption vulgaire dans la valse de leur labeur. « Qu'a ce gosse à contrecarrer l'ordre naturel avec ses jeux inutiles ? » s'insurgeait l'une d'entre elles à la tête rouge. Les cèpes s'épanouissaient mollement au pied du tronc, caoutchouteux comme des moues lippues. C'est sûr qu'avec cette terre sous mes semelles j'allais me faire punir, alors j'ai enlevé mes chaussures et j'ai profité de la sensation tendre du sol humide. J'étais planté et j'allais croître, comme un arbre. L'ombre consolatrice me berçait comme une nourrice. Je dansais autour du tronc, dont les inscriptions étaient illuminées, dorées, la pluie les faisait doucement sangloter : Aristide, Vera, Margotte, Henri, Christian. Christian, ça me disait quelque chose comme nom. C'était celui d'un jeune homme qui s'était pendu parce que sa fiancée était partie avec un autre. Il occupait une maison à l'entrée du village, Christian, une maison qui s'appelait la maison du pendu, d'ailleurs. Je gloussais de ne pas avoir fait le lien plus tôt. Les pendus pourtant cela me faisait peur. Leurs corps roides… Comme des marionnettes démantibulées et soumises à la gueule des vents.

J'ai commencé à grimper dans l'arbre. Un pied, puis l'autre. J'encerclais le tronc de mes bras comme si c'était un vieil ami que je câlinais. Je bloquais mes ongles ras dans les creux de l'écorce. Je prenais appui et hisse ! C'est là que j'ai entraperçu un nom que je connaissais. Il était inscrit à côté d'un autre que je n'arrivais pas à voir, tous les deux encerclés par un cœur. Le tronc tournait sur lui-même à l'endroit du deuxième prénom comme une nuque réticente à l'idée de dévoiler son secret. Justin et, Justin et E, Justin et Est… J'ai continué à grimper en allongeant le cou comme une girafe. J'y étais presque. J'y étais presque mais mon pied a ripé.

Durant une chute qui m'a paru durer un temps infini j'ai eu le temps de me dire que l'amoureuse du Justin, celle inscrite sur le tronc, avait le même prénom que ma mère. Puis ça a été le noir.

Dans mes draps blancs les flammes de la fièvre ont commencé à me cuire et à me mijoter. Au bas de l'arbre ma tête avait cogné une racine et mon crâne était enrubanné de linges comme un œuf de Pâques. Le visage de ma sœur s'étirait devant mes pupilles. Celui de ma mère et de M. le curé aussi. De mon père. « Il punit ceux qui ont péché. C'est à cause d'elle. C'est à cause de toi, Armand. Il voit tout. Œil pour œil. » Ma mère criait, mon père faisait claquer les portes. Le curé entrait pour réciter des prières, maman revenait et égrainait son chapelet. Le curé me faisait l'effet d'un diable m'enterrant vivant avec cet *In nomine*. Vêtu de sa soutane c'était à un corbeau qu'il ressemblait, à un corbeau rôdant autour de ceux qui vont mourir pour se repaître de leurs chairs. « Maman, ne me laisse pas avec lui ! je criais. J'ai peur dans le noir. Maman ! » « Il n'a plus toute sa tête mon père, pardonnez-lui. Il ne sait plus ce qu'il dit. » Et le père Edmond sortait, soutenant ma mère, et ils disparaissaient dans le jet de lumière aveuglante filtrant de la porte ouverte.

Peu à peu, je me suis rétabli. J'avais du mal à réfléchir et on m'a apporté des livres d'images pour que le temps me semble moins long. Les jours ont passé. Ma sœur me lisait des histoires et moi je tentais, un peu vainement, de les retenir. C'étaient les aventures d'un moine lépreux et de son ami le bossu. Ils voyageaient et se condamnaient volontairement à la solitude par le son de leur crécelle. Le moine lépreux avait prévenu le bossu qu'il ne devait pas cheminer avec lui sous peine d'attraper sa maladie, mais le bossu lui avait répondu qu'il préférait prendre ce risque plutôt que de continuer à vivre sans amitié. Les chapitres du livre correspondaient tous aux différentes villes qu'ils étaient amenés à croiser et chaque ville incarnait un péché. Arrivés devant la porte des habitants, ils leur prêchaient la bonne parole et leur proposaient de se repentir. Ceux qui acceptaient étaient sauvés. Ceux qui refusaient voyaient leur ville incendiée par le feu divin. Et les pages déjà cornées par ma mère de mes nouveaux livres d'images laissaient s'élever des flammes immenses et purificatrices, belles et transparentes comme des libellules orange.

« Dis, tu as déjà vu les parents ensemble sauf lors des orages, Mallora ? je lui ai demandé un jour gris de ma convalescence.

– Je ne crois pas, Abel, m'a-t-elle répondu.

– Alors comment ils ont fait pour nous avoir s'ils ne sont jamais ensemble ? »

Ma sœur a marqué une pause. « Je pense que c'est qu'ils ont dû se regarder très fort. »

Mallora est partie et j'ai commencé à paniquer. Si les gens avaient des enfants alors qu'ils ne se côtoyaient pas, cela pouvait aussi m'arriver avec la petite bigleuse très laide que je croisais au village. La fièvre m'a repris. C'était sûr qu'un jour elle allait sonner à la porte avec un nourrisson dans les bras et dire à papa et maman que c'était le mien. Je ne pourrais plus jamais jouer et il faudrait que je sois tout le temps avec elle et l'enfant. Quelle misère ! Les frissons qui me secouaient allaient en s'accentuant tandis que je demandais à Mallora de ne surtout pas ouvrir la porte d'entrée si on frappait, car ce serait uniquement pour me causer du souci. Mallora a promis mais elle est allée chercher ma mère. Je voyais qu'elle était inquiète. « C'est une rechute », a dit le médecin le soir même. « Il faut que tu t'accroches mon garçon. Tu es un homme ! Sept ans, c'est l'âge de raison. » Que nenni. Je n'avais aucune envie de devenir un homme. Je n'avais aucune envie d'arrêter de jouer. Je n'avais aucune envie de leur ressembler. Ils sont tristes les adultes, et déjà morts. Ils crient. Ils sont froids. Ils ne posent pas de questions. Moi, ce jour-là, je me suis promis que je ne leur ressemblerais jamais. Ils essayaient de me faire venir dans leur clan, mais Mallora ? Pourquoi pas elle ? Certainement parce que c'était une fille et qu'elles n'atteignent pas l'âge de raison ces veinardes. Non, c'était injuste, je m'y refusais et ce jour-là j'ai décidé d'arrêter de grandir. Les murmures dansaient autour du cierge sur ma table de nuit. L'icône de sainte Rita se démultipliait. Comme une gargouille je vomissais des jets acides qui me brûlaient la gorge. « Je vous salue Marie, pleine de grâce, le Seigneur est avec vous et le fruit de vos entrailles est béni... » Je flottais au-dessus de mon corps. « Sainte Rita mère des causes désespérées. Je vous en prie, sauvez mon fils. Ne le condamnez pas pour nos fautes. Que votre courroux nous soit destiné. Abel est innocent. Sainte Rita mère des causes désespérées... »

Des cymbales dans ma tête, des cymbales dans ma tête. Un singe à gilet jaune danse la gigue. Il me tire la langue, Mallora. « Maman ! Chassez-le ! » Le bruit des linges que l'on essore me faisait penser à l'Hers. Ils pèsent sur mon front comme un heaume. Hans m'appelle du dehors. Ça y est il vole et il laisse tomber un guano sur le col de ma vareuse. *Hasta la vista* ! Direction les pôles. Des cymbales dans ma tête, des cymbales dans ma tête. Quelle tombe allait m'échoir ? Je ne voulais pas être à côté de la vieille Fauvel qui sentait mauvais de l'haleine. C'est pas juste. J'étais trop jeune pour mourir. C'est à eux d'y passer avec leurs rides. J'avais des mauvaises pensées et je m'agrippais à la vie comme un chat qui feule. Je soudoyais les saints. Emportez M. le curé qui vous aime tant. J'ai encore des affaires à régler. Mes fourmis que je dois nourrir dans leur boîte. Aller vérifier que la mare aux grenouilles ne déborde pas. Prenez M. le curé, ça lui fera si plaisir. Je vous rejoindrai juste après c'est promis. L'archange Gabriel jouait de la trompette. Ils s'élevaient tous en banc dans les nuages les anges. La Sainte Vierge Marie, son Fils sur ses genoux, répandait la neige de sa main blanche, comme des graines que l'on sort d'un sac pour ensemencer la terre. « Seigneur ! » Je nageais dans mes draps trempés. « Laisse-moi la vie Seigneur et je te promets de rester joyeux. Laisse-moi la vie Seigneur et le voile tendu devant leurs yeux jamais ne tombera sur les miens. »

J'ai mis beaucoup de temps à me remettre de cette fichue maladie. Élise n'était pas là. Elle ne travaillait pas encore pour papa et maman. C'est sûr qu'avec ses plantes elle aurait pu m'aider à guérir plus vite, mais ce qui doit advenir advient. Je demeurais dans le parc devant la maison avec mes albums, une couverture m'enrubannant tout entier comme un bibelot de porcelaine. J'avais des pertes d'équilibre, alors je restais longtemps assis sur ma chaise de jardin devant la table rouillée qui avait essuyé les pluies de l'automne et les premiers rayons du printemps, que je n'avais pas pu connaître. Le vent déjà chargé des senteurs estivales me rendait à la vie. Et peu à peu, je suis redevenu celui que j'étais. Mais tout chargé de ma promesse de ne jamais changer. Après ma maladie, comme j'avais fréquenté la mort je me baladais souvent au cimetière pour narguer ceux qui avaient perdu la partie. C'est à cette période que j'ai commencé à bien connaître Nicolas. Nicolas c'est le fossoyeur et j'aime bien l'observer travailler. C'est pas simple pour lui parce que ça ne sent pas bon les morts, mais il a une technique pour supporter l'odeur. Quand la viande est trop cuite, il met de l'essence de menthe sous son nez et sur son mouchoir. L'idée que je me fais de la mort, c'est lié à l'odeur de la menthe depuis Nicolas. Il dit qu'il ne faut pas avoir peur de la mort parce qu'on la transporte tous avec nous, vu que le sang d'un corps entier contient assez de fer pour fabriquer un clou avec lequel on pourrait se pendre. Il dit que l'autre preuve, c'est le prix auquel les gens s'arrachent ces cordes maudites. Nicolas a tellement l'habitude de la mort qu'il m'en parle sans se rendre compte que je suis un enfant. Pour lui c'est si naturel.

Nicolas aime sa solitude et le silence, mais il n'a pas le loisir d'en profiter pleinement parce que la mort est toujours à côté de lui et qu'elle compte. Elle compte tout, les grains de sable, les os, les pores de la peau… Y compris les battements de cœur de Nicolas et des autres. Les battements de cœur, elle les compte dans l'autre sens, elle soustrait, faisant ainsi gonfler sa future victoire. « N'importe quoi, l'interrompt Nicolas, tu vas quand même pas m'expliquer ce qui se passe dans ma cage thoracique !

– Et un de moins ! J'avais le bon compte ! » elle lui répond en gloussant tandis qu'il lui lance une pleine pelletée de terre.

Nicolas m'a dit qu'il l'a rencontrée pour la première fois un jour qu'il avait été admis à l'hôpital. Il a ouvert les yeux et il y avait une petite fille tout en noir, assise sur son lit et qui comptait en lui souriant. Ils ont grandi ensemble la mort et Nicolas. Ils ont vécu ensemble tous les jours que Dieu fait et ils ont vieilli ensemble. C'est la première personne qu'il voit en ouvrant les yeux, et la dernière en les fermant. Ils ont beaucoup de travail. Elle, elle frappe aux portes, et Nicolas, il creuse et creuse encore. Quand elle est trop fatiguée Nicolas la prend sur son dos et il va la porter jusque dans leur lit. « Elle parle en dormant, me dit-il, même la nuit elle continue de compter. Elle a bon cœur, elle est fidèle et je sais qu'elle sera là jusqu'au bout. »

Esther

De ma fenêtre j'observe. Ce nid de pie. Au loin, derrière la mâchoire du haut portail qui nous protège des hasards de l'existence, Élise s'affaire. Elle porte, vaillant moussaillon, d'éternels paniers de légumes colorés. Mes sens sont décuplés par l'immobilité. Le bruit des vies se répercute et monte au travers des lattes du plancher. Ma maison est une peau tendue, elle m'informe. J'entends Abel qui dévale la langue rouge de l'escalier, Mallora qui retire doucement un ouvrage de la bibliothèque, le pas d'Armand qui sort de ses appartements pour se diriger jusqu'au salon de musique. Debout à côté du piano aveugle, il guette, le regard perdu à l'horizon, l'instant où je me lève et, quand l'envie m'en prend, je le retarde pour l'obliger à m'envoyer Élise. J'aime ses prétextes, l'air un peu rustaud qu'elle arbore en poussant ma porte pour demander, les sourcils froncés, si le coq ne m'a pas trop embêtée durant la nuit et si elle peut m'apporter mon petit déjeuner.

Élise, cher *go-between*.

J'aime ma maison. J'aime voir mes anciens livres de contes ouverts et abandonnés sur une desserte quelconque. J'aime le toucher de la veste d'Armand le dimanche, quand nous nous rendons à l'église. Son odeur de Cologne et le profil ciselé de sa mâchoire. Armand ne vieillit plus. Est-ce l'arrêt brusque de certaines espérances qui le conserve ainsi ? Et moi, suis-je déjà vieille ? Je ne sais pas, à ce sujet les miroirs sont tachetés et brumeux. Cela change-t-il quelque chose d'ailleurs ? Oui, car quand cela sera, j'espère avoir cette sagesse que j'envie à mes auteurs. J'aimerais pouvoir envisager ma vie avec l'apaisement de la pulpe durcie de doigts parcourant des pages connues et amies. Mais cela hennit encore et toujours dans mon creux. Puis s'y mêle la nostalgie… Et, après tout, quand on est nostalgique c'est que l'on n'est pas prêt pour le départ. Le bagage n'est pas en préparation. Je dois mûrir encore. Imaginez ! Je ne sais même ce que c'est qu'être adulte. Que font ces rides autour de mes yeux ? Ce sont celles de sourires anciens ? Il y a donc eu… Oui.

L'aube :

Mes parents se sont rencontrés au Maghreb. Quelle version de l'histoire est la plus belle déjà ? Ah oui, ils se sont rencontrés dans le désert, grâce à l'hospitalité d'un chef bédouin lors d'une tempête de sable. Le ciel au-dessus d'eux laissant place à une constellation particulière, les étoiles si vives au travers du tissu de la tente firent comme une couronne à ma mère. C'était elle. Après le Maghreb et l'échange entre eux des anneaux frères, l'Afrique noire… Un diamant voyage aux côtés de mon père mais ses facettes se ternissent déjà. On touche ses cheveux blonds, on observe avec admiration le ton de ses yeux qui se délave à force de regarder au-devant. Que fait cette porcelaine sur ces terres orangées ? Dans la poussière des chemins les femmes sont mécontentes de voir que l'une d'entre elles s'étiole, loin de ses ancêtres. Ses boucles ne sont pas faites pour supporter le dru des rayons qui mordent comme des serpents. Voyageuse, encore et toujours. Elle est faible ? C'est parce qu'elle est déracinée. Elle ne peut plus croître mais trouve la force – entre deux nouvelles destinations – de me mettre au monde. Elle suit à ses côtés mon père, lui dont les jambes sont fortes comme deux makilas. Aucune terre ne le satisfait. Il est fait de vent, de métal et de bois.

Une maison claire. Ma mère est allongée. De l'autre côté de la moustiquaire, en retrait des médecins, la vieille domestique a compris. Les hommes de science sortis, elle écarte le voile et prend la main de la malade. Elle la caresse et, à son chevet, elle plonge ses yeux dans les siens, chantonnant. L'horizon qui brille au-dessus des pupilles éteintes ce sont des plaines vallonnées, humides, des murs hauts couronnés de tuiles. « Va rejoindre ton pays, il te manque trop », dit-elle tandis que je joue innocente dans le jardinet avec la petite Awa.

Maladie tropicale. Deux mots sans frontières véritables. Chère mère… Et pourtant cela sanctifie de mourir jeune. Cela est bien plus simple. Quand nous sommes rentrés en France, mon père m'a confiée aux soins de divers personnels de maison et a continué de voyager. Puis il a fini par s'établir à Paris où on lui proposait un poste important au ministère des Colonies, jusqu'à devenir sous-secrétaire d'État. Je préférais le nom de son ancien bureau : le bureau du Haut-Fleuve… Sous-secrétaire d'État, cela fait penser à un homme accroché au dernier barreau d'une échelle. Cela l'a desséché d'ailleurs, il était fait pour le vrai large et non pour l'exotisme de papier. Mais il était âgé… Sous-secrétaire d'État, tout de même, l'esprit humain est impayable… Si créatif ! Quand l'homme perd pied il se réfugie derrière des mots gros comme des molosses. Et, généralement, plus le mot est gros, plus il est éloigné de l'effectif. On se cache derrière, comme derrière un paravent. On saute de termes en termes comme l'on joue à saute-mouton. Puis…

En ce moment, les gazettes sont pleines de « l'avenir… » – quelle besace ! Plus envie de marcher, cela pèse déjà trop. Cela dit, il est important de savoir comment s'habille son époque car sous le costume il y a l'âme. La langue actuelle comme le bois sec des rédacteurs ne réchauffe guère les cœurs. En écho les littérateurs encollerettent leurs vagues introspections de tant de références… Ah ! Chaque époque essaie comme elle le peut d'illustrer sa contemporanéité. Du temps de mon enfance et de mes venues au ministère rue Royale, la modernité résidait dans l'accumulation. Les cheveux n'étaient jamais assez bouclés, les chemisiers brodés, les chaussures cirées, les visages fardés. La grande domestication ! Même le reliquat animal qu'était la moustache se trouvait tournicoté vers les cieux. Rien sous terre, cap vers l'horizon. Honnie soit la pesanteur, tout le monde était en mouvement. La partition de l'avenir s'écrivait par ce continuum. Les secrétaires du pavillon me prenaient sur leurs genoux, dans leurs odeurs sucrées. Elles me donnaient des feuilles de papier et des crayons pour que je leur dessine des animaux qu'elles accrochaient ensuite sur les murs au-dessus de leurs machines à écrire. *Tac tac tac tac tac tac* tapaient leurs beaux ongles en amande. Leurs cheveux étaient crantés, gaufrés. J'ai bonne mémoire du bruit relaxant des talons, nulle angoisse dans ce mouvement permanent. Mais ces boîtes, cette superposition de boîtes des villes ! Ces échos ligotés, partout. Ce n'était pas pour moi, non. La campagne, ma campagne, celle à laquelle je me suis habituée, ce sont des bruits purs, des bruits qui viennent de la nuit des temps comme dans le désert. Les bruits de ma campagne sont les consciences d'une même matière. Ses maisons sont faites de peau, de la peau des paysages qui les accueillent. Poudroiements, grincements, humidité et fraîcheur. Caves, greniers et lignes droites, dos des collines, bottes de sept lieues. Ma maison appartenait déjà à mon grand-père, le père de ma mère.

Je suis comme ma mère, ma nature est une nature qui s'accomplit pleinement dans la contemplation de paysages psychologiques. Pas besoin de voyager, sa propre poignée de briques n'est-elle pas déjà difficile à cerner ? De ma mère, je conserve un médaillon avec sa photo dedans. Ses pupilles ont un léger strabisme qui lui donne un air mystérieux. Ma mère a-t-elle été trop tendre pour faire entendre sa nature ? La connaissait-elle seulement ? A-t-elle voulu la taire ou la changer par amour ?

Mon père m'aimait, comme il a aimé ma mère, sans la comprendre. Il me couvrait de cadeaux sur les conseils de ses bonnes amies : « Les femmes sont des porcelaines à gâter. Seul les réjouit le superflu car le reste leur est dû. » Les femmes aiment les présents, les parures et les confiseries. Ce sont des corps auxquels il faut faire attention. Du rose, du doré, du bleu clair ! Attention aux courants d'air ! Des rubans, du rond, des chapeaux, des volutes. Organza ! Taffetas ! Velours ! Notre sens premier serait-il le toucher ? Non, ces tissus sont pour ceux qui nous touchent. C'est une femme ! C'est de l'art ! Écoutez comme elle chante. Ce n'est pas une femme c'est un rossignol ! Une bête du Bon Dieu. C'est surnaturel ! Et comme elle marche et comme elle joue… J'aimais ce pis-aller des cadeaux qui égayaient ma routine d'enfant puis de jeune femme. Ces attentions qui signifiaient pour moi l'amour. L'exotisme des tissus. Ce doux froissement du papier renfermant l'inconnu. La boîte fraîchement arrivée m'attendait le matin sur la table de la salle à manger, chargée de son effet et auréolée de son mystère. De ces armes qui étaient les nôtres. « Ça vient de Paris mademoiselle ! De la part de monsieur votre père ! » Comble-t-on un désir d'aventure par l'acquisition de beaux gants poudrés et d'une élégante cravache ? Harnachée.

Mon père a fait de moi une guerrière. Une belle armure pour faire venir l'amour. Telle devait être ma soif, loin de tous dangers. Quand il est mort mon père avait gardé ses chaussures, et cela tandis qu'il dormait au chaud dans ses draps. Je n'ai pas pleuré alors ; c'était un homme des terres arides. Il est grave de ne pas laisser partir les morts comme ils l'auraient souhaité.

L'amitié véritable ne conforte pas seulement. Elle n'est pas une possession et suppose la liberté. L'autre n'est pas un prétexte pour mieux en revenir à une image de soi ; je n'ai pas su faire cela. Justin… Ses grands-parents étaient rempailleurs. Justin vit toujours dans leur maison près de l'Hers, non loin de la mienne… Justin était l'imagination même. Pas celle des livres ; cette soif et ce pouvoir de la rêverie naturelle il les tenait de lui seul.

Il faut de la sagesse pour accepter que les êtres qui nous sont chers se complètent les uns les autres. On trouve chez l'un ce que l'autre ne peut offrir. Je n'ai pas pu me contenter de ce que Justin possédait et j'ai changé le cours des choses. Si j'avais su garder son amitié, je n'en aurais pas tant demandé à Armand. Éternelle insatisfaction, ma nature.

Il m'avait soudainement fallu plus. Je m'ennuyais et j'avais vu en Justin un moyen, un jouet à disposition. Nous avions grandi ensemble et, d'un jour l'autre, j'avais souhaité plus que des contes de feux, de marais et de nos régions aux dos battus par le vent d'autan. Je voulais que son imagination se pose sur moi, sur moi tout entière. Que ses yeux voient le réel. N'étais-je pas une femme désormais ? Et belle ! Enviable !… Non. Ce cornichon ne semblait pas s'en apercevoir. Les brefs mois séparant l'adolescence de l'entrée dans l'âge adulte et quelques artifices bien choisis lui ont peu à peu fait rendre les armes. Il m'a vue. J'aime donner pour mieux reprendre. Oh ! Ce regard de Justin quand Clémentine a répété ce mot de « rustaud » que je lui avais glissé avant son arrivée.

J'ai aimé à bien des reprises voir la déception ou le pourpre s'inscrire sur la face de personnes chères. On pense que l'on est irrésistible. Que l'on peut blesser, puis tout recommencer comme dans un jeu. Je sais désormais que cela ne se peut. Vanité et malheur sont gémeaux indissociables.

J'avais tout fait pour susciter l'amour de Justin et quand il est advenu j'ai ressenti pour lui du dégoût. Quelle inconvenance ! Pour qui se prenait-il ? Son admiration pesait, elle était trop flagrante, vulgaire.

C'était un jour pluvieux. Maussade, je m'étais pourtant longuement coiffée pour l'accueillir. J'étais au piano, les mains habillées de gants de dentelle qui faisaient un très bel effet sur les touches d'ivoire. Ils découvraient mes poignets et étaient chacun fermés par trois petits boutons de nacre. C'était un cadeau de mon père, fraîchement reçu. Tout était là, ma taille ceinturée, le haut de mes épaules dénudées, ma nuque longue flexible et l'épingle à chignon avec sa grosse perle qui jurait dans mes boucles. Mais ces mains, là, posées comme deux moules sur leur rocher. Rien à faire d'elles, mes doigts étaient patauds. Le morceau me résistait. L'âme du compositeur m'avait en horreur, je n'étais que matière, artificiel maintien. Je me suis interrompue et retournée vers Justin, humiliée, et là : il souriait, cuvant comme un gros sucre dans son fauteuil, me contemplant, béat. J'en étais abasourdie. Le pauvre garçon était si heureux de faire partie de cette grossière scène bourgeoise d'une jeune fille au piano que j'en ai eu la nausée. Il n'avait même pas saisi à quel point j'avais massacré ce pauvre Chopin. Il me regardait, transi, rose et gonflé de toute sa bonté et de tout son amour. J'aurais pu faire ces gammes avec mes pieds que cela aurait eu sur lui le même effet. Bien sûr qu'il ne comprenait rien à la musique ! Un veau… Je me suis promis, alors, de l'achever. À chacune de nos rencontres, plus ma mise était calculée plus je feignais l'ennui en sa présence. Je bâillais. J'annulais nos rendez-vous au dernier instant. Je partais en ville à l'improviste envoyant la paresseuse Clémentine mon chaperon lui signifier le flou report de promenades planifiées. Mais

Justin respectait mes départs, mes sautes d'humeur, mes absences. Fier pourtant, il me passait tout. À quoi bon alors. On ne bat pas un animal s'il ne se défend pas.

J'ai eu vingt et un ans. Et je suis tombée amoureuse. Emportée par la nouveauté, par un homme différent de ceux que je connaissais ou que j'avais pu côtoyer. Un homme si différent de moi. Un homme si différent de Justin. Un homme appliqué, serein. Un esprit viril et scientifique. Une couverture horizontale réchauffait enfin mes humeurs. Armand qui savait ce qu'il convenait de faire. Armand ciel sans nuages. Aimant. Courtois. Curieux. Armand qui m'apaisait. Je découvrais des domaines qui n'étaient pas les miens. Il m'arrimait, me structurait. La soif a besoin de rênes pour être étanchée et je ne désespérais pas de le convertir à la poésie, à la sagesse et à la musicalité des contes. *Il faut deux gants pour bien saisir le monde.*

C'est l'annonce de nos fiançailles qui a rompu toute amitié avec Justin. Ne lui avais-je pas laissé supposer que… Toute à mon bonheur et confite de satisfaction d'être en couple je n'ai pas tout de suite compris l'importance de ce que je perdais. Moi qui me pensais si libre, je me répandais en « mon mari » à tous les vents. J'étais si fière de lui.

Comme il est quelquefois plus aisé à l'homme de se connaître par l'inventaire de ses défauts que par celui de ses qualités, j'ai su ce qu'était l'amitié quant elle m'a été ôtée.

On ne cesse jamais entièrement d'aimer si l'on a été quitté et je sais que l'amour de Justin pour mon fils n'est pas fortuit. Il me voit en lui, telle qu'il aurait aimé que je sois. Pure et franche.

Avec Armand nous sommes je vous l'ai dit de natures dissemblables. C'est de ce mystère qu'est né notre désir. Par l'acte de chair nous avons partagé ce que la pénibilité approximative des mots tentait de percer : les eaux épaisses séparant deux continents mentaux. Nous nous sommes par ce biais apprivoisés. Des débuts formidables. Mais l'inconvénient, bien souvent, c'est que ce qui nous a premièrement plu chez l'être aimé devient ce que l'on aimerait changer. Chez Armand, ce fut cette tranquillité d'esprit apparente. Cette nature à se satisfaire de ce qui se trouvait être expliqué par la science, l'histoire ou la philosophie… Cette joie naturelle du lever, du coucher.

Ouvrir à quelqu'un les pages des livres que l'on apprécie c'est lui ouvrir son âme. Or, Armand avait à cette époque une appétence marquée pour ce que je jugeais être des « aphorismes de digestion », de ceux se contentant de faire sereinement état de ce qui nous échappera toujours. Ne convenait-il pas de s'arracher les cheveux devant l'énigme de l'après ? Pourquoi sommes-nous mis au monde ? Nous disposons de si peu de temps ! Ces pages me désespéraient. Ce legs d'hommes à d'autres, la sécurité grâce au mystère ! Supporter sagement l'absurde attente… Ton docte et paternaliste. J'imaginais parfaitement leurs auteurs, satisfaits d'eux-mêmes, remettre la plume dans l'encrier, déjà coiffés de leur bonnet de nuit.

Mouchant la chandelle placée sur un pupitre éclairé par une lune aussi figurative qu'un tableau. Un calva, La Boétie et au lit !

À quoi bon ? Cette façon d'appréhender la vie comme si elle était déjà terminée ; en les lisant il perdait du temps ! Il fallait chercher derrière. Et Armand riait quand je lui faisais, emportée, part de mon sentiment à ce sujet. « Esther… Voyons… »

Nos discussions étaient empêchées par nos natures et connaissances respectives.

Difficile mais passionnante recherche d'un puits de lumière commun.

J'ai quêté des semblants de réponses dans des livres muets. Je cherchais les cœurs brûlants, les intuitifs. Ceux ayant accepté de lâcher prise pour les rivages de l'âme et du cœur. Que d'hommes ont l'impression de perdre leur virilité quand ils ne montrent pas qu'ils savent… Aucune fontanelle vers l'immatériel ? Dehors ! J'ai fait danser le papier, mouillé de mon doigt les pages des différentes spiritualités. Mais rien n'assouvissait mon intranquillité. Armand, lui, était si calme. Échevelée, je dînais face à son front lisse, la montre à gousset que je lui avais offerte battant au même rythme que son cœur. Armand était à l'aise dans ce monde expliqué, éclairé et analysé. Il goûtait la vie, curieux des ponts, les sciences la chapeautant. Ces disciplines qui m'ont peu à peu fait l'effet de scalpels disséquant l'être comme une grenouille. Foie, ligaments, nulle trace d'âme et d'un souffle premier. Inutiles. Grand retrait de l'être au monde.

C'est un soir comme tant d'autres que j'ai senti les anneaux glisser en mon être. Un sifflement subreptice. Je l'ai fait taire, mais la bête avait eu le temps de susurrer : « Ccce calme… ne ssserait-ce pas du mépris ? Crois-tu que ccce soit ton esprit qu'il a épousé ? »

N'étais-je pas assez intelligente pour l'intéresser ? Avec mes contes, ma vie et mon imaginaire ? L'angoisse me rongeait. Il est vrai qu'il me parlait d'enfants. Il se couchait plus tôt le soir. Ne lui suffisais-je plus ? Est-ce que je l'ennuyais ?

Au lieu de voir Armand, j'ai subitement vu un homme, un homme que l'on avait nommé Armand. Bouc émissaire à mon angoisse. J'interprétais et surinterprétais la moindre de ses réactions, ses silences. J'ai brisé la confiance en l'être complet que nous formions, en sa différence enlacée. Je me suis vue comme une femme, réduite à mon sexe et soumise à une société me voulant mère et satisfaite, comme soumise aux préjugés de ceux qui dirigent et qui héritent et répètent ces préjugés à notre égard. Je l'ai vu comme mon ego voulait le voir, comme d'autres : méprisant. Ce nouveau statut d'être ferré par l'attente d'une future maternité qui était le mien donnait un sens à mon existence. Je me suis mise à devenir obtuse. Nos esprits ont commencé à se taire mais je l'aimais tout de même, ce qui n'a fait qu'accroître ma colère.

J'apprends, peu à peu, l'humilité. J'apprends à ne pas penser à la place de ceux qui pensent. Accepter que l'autre existe par lui-même. Accepter son mystère et sa différence.

Cela me rappelle ces anciennes statues de bois représentant les saints. Ce qui les auréole de notre respect, ce qui les grandit, ce n'est pas juste leur faste propre. C'est ce qui les a patinées et vermoulues : notre monde soumis aux temps, au hasard, ces imperfections qui dissimulent la grâce. Sans l'homme et ses erreurs, sans l'imperfection, distinguerait-on les saints ? Nous sommes utiles. Les dieux ont besoin d'accorder leur pardon pour être des dieux. Lâchés comme nous le sommes dans la matière imparfaite, ils nous veulent figures de proues. Mais dans quelle direction nous lancer ? J'ai tâtonné et je crois mieux comprendre désormais. Non pas mieux comprendre, je crois mieux sentir.

Malgré les épreuves, je ne voudrais d'autre vie que celle qui a été la mienne. Vivre auprès d'Armand. Respecter sa différence comme il le faisait et le fait encore avec moi, sans le montrer, à sa manière, pudique. Avoir porté ses enfants et connaître cette épreuve qui déshabille l'ego. Son tact à me laisser trouver seule, son respect de ma nature, je ne les ai pas compris.

Quoi qu'il en soit nous ne sommes pas encore nus. La fierté nous ceinture encore, elle qui nous a emmurés l'un à l'autre. Des reclus, lui en bas, moi en haut. Nous n'avons pas confessé nos erreurs ; mais nous nous les sommes admises à nous-mêmes. Le cimetière guette et attend son heure pour nous avaler. Il avance de plus en plus vers la maison. Ce sont les morts qui accrochent les flancs de la terre pour provoquer un glissement de terrain. Leurs ongles minéraux enserrent la maison. Ils font craqueler la façade. Châtiment. C'est certain, il y aura châtiment.

Si je le pouvais, je ne parlerais plus du tout. Ma langue est desséchée et je n'ai plus rien à dire. J'observe. C'est ce pour quoi j'aime tant les orages. Sans mots, tous ensemble nous regardons de ma fenêtre le magistral qui s'abat sur les pâturages. Armand est là dans ces moments, près de la porte, Armand... Me reviennent en tête des choses de ma vie d'avant. L'odeur de fenouil de ses cheveux, les plaques rouges que sa barbe me laissait sur les joues et le corps. De la poudre, vite ! Bouderie feinte. Si seulement ! Mon royaume pour ces rougeurs qui prouvent que l'on est aimée. Un suçon. Tiens oui un suçon ! Un foulard mal mis pour le montrer à tous au village ! Pour me voir dans la glace du miroir chérie et désirée.

Abel a les mêmes yeux que son père mais sa bouche est la mienne. Mon fils qui a décidé d'arrêter de grandir... Je dis : « C'est Dieu. C'est une punition ! Oui. Père Edmond, c'est ma faute ! » Mais je suis heureuse. Abel n'a pas la pourriture qui sourd, le vice qui englue, les désirs qui creusent et qui ternissent. Abel n'est pas et ne sera jamais un adulte. Il ne souffrira pas.

Ce n'est pas parce que je suis pieuse que je vois tant le père Edmond. C'est au contraire parce que je suis vicieuse. Je remercie, j'accepte mais je suis encore moi... Tenez, par exemple je jalouse ma fille. Elle m'horripile, souvent. Dès sa naissance, Mallora était bonne. Abel la pinçait, la mordait, croyez-vous qu'elle le lui aurait rendu ? Elle était toute dévouée à son frère, et non pas par manque d'esprit. Par son entremise elle défendait sa propre chair. Quand je blâme Mallora elle me regarde avec respect et tristesse. Et moi je la regarde avec envie, me disant : moi aussi j'ai eu ça. Elle est fraîche et gracieuse. Cela me fait mal. Je sens les rides sur mon front, mon visage durci par l'amertume, alors je la sermonne. N'importe quel prétexte. Je lui interdis des plaisirs, pour mon plaisir. « Va lire la Bible, Mallora. Cesse de manger. Tu te gaves. Comme une oie ! As-tu fait tes leçons ? »

J'observe ma fille qui épelle. Sa peau élastique a par endroits gardé le duvet blond de l'enfance. « Tu as une mine épouvantable. C'est cela de lire toute la nuit des romances stupides. Récite, Mallora. Récite. Je t'écoute. » Quand des larmes apparaissent, je sens la morsure du serpent rassasié et je m'en veux. Mais je poursuis. « Récite, Mallora, récite. Tu es d'une lenteur ! Je t'écoute. » Son tour n'est pas passé. Mallora sera-t-elle aimée ? Non, sa nature est trop docile, elle souffrira. Il faudra qu'elle... Les ordres, loin du danger des hommes. Le père Edmond pense lui aussi que ma fille a la vocation. Il faut l'empêcher de devenir ce que j'ai été. Un ventre, une parenthèse. Claquement de doigts et plus rien.

Les débuts, les débuts, si seulement la feuille des débuts ne brunissait pas. C'est l'été, je suis à ma fenêtre et le bruit de la tourterelle, comme toujours, me plonge dans les matins.

C'était un dîner organisé en l'honneur de mon père. J'étais divinement habillée et maquillée. D'ailleurs, les glaces avaient choisi de ne refléter que moi. À ma droite une ancienne comtesse dont la coiffe surmontée de pleureuses menaçait dangereusement de me tomber dessus car elle acquiesçait à tout bout de champ aux dires de son voisin, un homme avec un monocle et à la calvitie lustrée.

Cette grue allait m'affadir. Mon autre voisin sommeillait ou c'était tout comme. Il regardait ses genoux, les mains parallèlement posées des deux côtés de son assiette. Je buvais et je me faisais resservir du sauternes sous l'œil désapprobateur de mon père. Cul sec, rien que pour l'embêter de m'avoir obligée à participer à ce rogaton mondain. Ma voisine s'étant soudainement rendu compte de ma présence s'est mise à me harponner de sa discussion futile. Au secours, au secours, pas les discussions de femmes. Je feule, je feule, ai-je audiblement feulé ? Sur le côté un pouffement. Surplombant une serviette, deux yeux bruns sous l'un desquels un élégant grain de beauté rappelle l'iris mutin. Puis une bouche, une stature dépliée, une main tendue. « Je me nomme Armand, mademoiselle. Accepteriez-vous… » Je me suis agrippée à sa main, à son épaule, à son dos, comme à une liane. J'enserrais son corps, fort, et nous avons commencé à tourner. Nous avons tourné et tourné, la lune s'est faite ronde, croissant, le jour à point sur un balcon, le soleil dans un jardin. Des chauves-souris, un banc entier ! Et nous avons tourné, tourné. Puis : au milieu des colonnes d'Olympie, sur l'Acropole gorgée des exploits volés en même temps que les métopes, dans les suites grasses et vert alcool de Venise, andrinople de Rome. Nous avons tourné devant les hauts miroirs de Vienne, dans le jaune, le gris de l'Europe, sur la Ringstrasse, et cela jusqu'au seuil de la maison de mon grand-père où nous nous sommes installés après cette lune de miel.

Mon père est mort l'année suivante, rassuré de me savoir entre des mains solides. Les siennes, chenues, se sont crispées une nuit sur une couverture nacre. Ses chaussures aux pieds. Ses cendres ont été dispersées au large des côtes d'Afrique comme le furent en leur temps celles de ma regrettée mère. Ma mère, pourtant... Mais elle n'a pas eu son mot à dire. Elle est morte trop jeune. Son âme bédouine chemine peut-être encore sur l'écume jusqu'à ses terres chéries.

Des rentes. Une maison. Ancre quotidienne. Nous ne nous levions alors que pour mieux nous recoucher ! Son amour me rendait bonne, il colorait ce triste village dont je n'avais pas voulu et pu faire partie par convenance. Au diable désormais. Je voulais éblouir de ma bonté. L'éblouir de ma bonté. J'ai laissé un couple de paysans s'installer sur nos terres en échange de menus services. Les Durand. Ermite, je lui faisais cependant prendre part à des rites ancestraux comme la cérémonie du cochon. La chasse au faisan. Puis je suis tombée enceinte. Cette formule déjà a quelque chose de la maladie. Sa joie était immense, trois ans... L'entourage s'inquiétait par lettres. Il commérait, oui !

Armand me semblait fier de nouveau, fier de moi. Mais de quoi ? Je veux dire, cela n'était pas de mon fait. Cela n'était pas lié à un effort de ma part, à une volonté. On félicite les gens sur leur physique. Mais comment remercier pour ce qui ne dépend pas de nous ? Je sentais cette chose qui se développait en moi et je n'arrivais pas à en être heureuse. On allait me l'enlever, on allait m'enlever la chance de montrer qui j'étais vraiment ; je le sentais. La *rusée nature* œuvrait dans l'ombre. Armand pactisait avec elle. Elle, tissant mon avenir sur le patron prédéfini de la vie des femmes. Armand, regarde-moi ! C'est moi que tu aimes ! Non *la mère de ton enfant*. C'est moi ! Esther.

Mon creux se remplissait et c'était comme s'il se vidait de tout espoir. Mon ventre était un bélier entre nous, entre moi et moi-même. Le cellier s'est fait vide. Moi qui aimais tant boire du vin en sa compagnie. Nos longues soirées... Armand était plus serein encore.

Pour quelle femme cela n'est-il pas quelque chose de réjouissant d'attendre un enfant ? On ne me retirait rien, on m'ajoutait quelque chose. Mais moi, je ne voulais rien d'autre que ce que nous avions déjà. Et la fin est déjà présente dans le grain. Enfant, adolescente, jeune femme, femme, épouse, mère, grand-mère, vieille. Nature et société font bon ménage, elles jouent à la corde ensemble. Sotte, je pensais que le temps s'arrêterait pour moi, éternellement jeune, libre et désirable. Il faut accepter d'entrer dans la ronde ; le sifflet aux lèvres, le vieillard à longue barbe m'avait désignée du haut de la tour. Il avait écrit *Mère* à l'encre sur son registre.

J'y étais, et le temps a de nouveau commencé à changer. Il s'est encore plus étiré.

Dépossédée que j'étais de mon corps, le nourrisson me faisait l'effet d'un incube. D'une sangsue, comme celles des grands-parents de Justin qui s'accrochaient aux parois du tonneau. Justin était bien vengé. Le tonneau, désormais, était mon ventre. J'étais une barrique. Mes jambes épaissies comme le bois gonflé d'eau. Mes pieds ? Où ? Bientôt je ne les voyais plus. On me pompait mes forces, mon énergie ; une enclume d'eau ! Je pouvais m'endormir à n'importe quel endroit comme une impotente. Je vomissais et pleurais. Le médecin me suggérait de me reposer le plus possible mais ce n'était pas à moi qu'il pensait. Je n'existais plus qu'au travers de cette vie que je portais. Il fallait me ménager, il fallait faire attention au moindre effort, faire attention à mes émotions, faire attention à ce que je mangeais. Je me faisais l'effet d'une porteuse dont on prend soin pour son aspect utilitaire. Mes seins grossissaient, horriblement, ils se striaient de cicatrices violettes, comme deux méduses. Je marchais avec les jambes écartées pour que mes mouvements ne soient pas empêchés. Pansue et empêchée. Oui, c'était cela même. Mes joues étaient rêches, rouges, des taches brunes apparaissaient sur mes pommettes. Plus de soleil. Rester dedans. Me garder de la vie. Je me nomme Esther et je suis là, ouhou ! derrière ce ventre qui avance. Mon nombril partait sur le côté, une ligne sombre et verticale s'est étendue de part et d'autre comme une flamme. « Je me meurs, aidez-moi.

– Mais, madame, voyons, vous allez donner la vie. Ne faites pas tant d'histoires, toutes les femmes en passent par là… Elle en fait des simagrées celle-ci ! Chochotte. Ils sont en sucre, ces riches. C'est eux qui valent mieux que nous ? Laissez-moi rire. On n'irait pas loin.

– Pardon, tout cela n'était pas pour moi. J'aime uniquement l'amour et les choses de l'esprit. Ce corps je n'en veux pas… Puis-je faire machine arrière ? S'il vous plaît ? »

Mes mamelons fonçaient, mon odeur n'était plus la même et la chose a commencé à bouger et à me donner des coups. Elle me battait. « Il faut faire attention ! Attention à… Il faut, vous devriez… » La chair, ce grand égaliseur dans la pourriture ou la germination. Le corps social prenait sa revanche.

Attente.

Je m'ennuyais mortellement. Le terme se profilant, il fallait que je reste alitée, comme une grosse tortue. Je n'étais pas aguichante, d'autant que je n'avais plus rien à raconter car je ne lisais plus. Mes seules pensées concernaient le mobilier de la chambre d'enfant. Je m'empiffrais de sucreries à la violette en pleurant sur ma jeunesse perdue. Je regardais depuis ma fenêtre le jour se lever, se coucher, se lever, se coucher. Je feuilletais mes livres d'enfance, celui sur le moine lépreux et son ami bossu. Au feu, brûlez tout ! J'étais comme eux, à l'écart de la société. Mon mari touchait mon ventre. Areuh ! Il était heureux. C'était facile pour lui, oui !

Comme mon sommeil était agité il m'a demandé si cela me gênait qu'il dorme dans ses « quartiers ». « Le temps que », un lit d'appoint dans son bureau. J'étais gênante. « Bien sûr Armand. Je comprends. » Tout cela était sa faute finalement, c'était son enfant que je portais, et lui continuait de vivre, de rire, de travailler. Il poursuivait même sa collection de timbres ! Cette simplicité et ce naturel, toujours. Ah voilà ! Il était bien content maintenant.

Moi je ne pouvais même plus faire mes lacets seule. J'en pleurais de rage, assise sur mon lit à attendre que l'on pense à venir m'aider. Ma pudeur et mon mystère m'avaient été dérobés par les palpations et l'exposition de mon corps au regard de tous. J'étais un animal, un organisme dont on parlait à la troisième personne… Moi si pudique, j'ouvrais maintenant machinalement les jambes lors des visites du médecin. Il ne me regardait même pas et commentait. « Le col est… Veillez à ce qu'elle… » C'était un pacte d'hommes. Il voyait la femme d'un autre, nue, mais comme il ne me nommait pas cela ne relevait pas de la tromperie. « Les nourrissons se portent bien. » Oui. Ils étaient deux.

Je ne réfléchissais plus de la même manière. Mes pensées, si vives, étaient devenues lourdes. J'avais peur de tout. Malgré l'interdiction de me promener, j'ai un jour réussi à échapper à la surveillance de la future nourrice que mon mari avait embauchée pour m'aider. J'ai passé un pardessus sur ma chemise de nuit, enfilé de vieux sabots et je suis sortie. Il y avait beaucoup de vent, cela m'a désarçonnée et je me suis accrochée au heurtoir de la porte. Emporte-moi étrier, comme dans les contes. Loin.

Je reprenais vie. Le bruit de la paille sous mes sabots. L'air empreint des odeurs du début du printemps. Le ciel acier. Sans m'en rendre compte j'ai emprunté, après avoir précautionneusement entrouvert le portail grinçant, le chemin menant à la maison de Justin près de l'Hers. Une fois arrivée je me suis cachée derrière un arbre. De là je voyais aussi au loin Hans, l'épouvantail du champ de maïs que j'observais depuis la fenêtre de ma chambre. Justin cultivait le champ légué par ses grands-parents. Cet épouvantail dont c'était le royaume était vivant et cela m'émouvait plus que je ne le saurais dire quand je voyais que Justin lui avait changé son pardessus en fonction de la saison venue. Seul un homme bon pouvait avoir ce réflexe enfantin et gratuit de lui ajouter sur un chapeau en osier un petit bouquet de fleurs des champs ou de lui enrouler une écharpe pour qu'il n'attrape pas froid quand la brise se levait. Je parlais à cet épouvantail depuis ma fenêtre. Il était triste car les oiseaux l'évitaient. Les soins qui lui étaient prodigués, c'était comme si c'était à moi qu'on les offrait.

J'ai dit tout cela à mon fils plus tard. Je lui ai dit que Hans s'appelait Hans et qu'il dansait. Je lui ai dit qu'il fallait nommer les gens et les choses pour qu'ils prennent vie et que c'est l'unicité qui sauve du désespoir.

Justin était assis sur son banc et il tissait avec un chiot à ses côtés. Il l'appelait Pépé mais il prononçait *Peh Peh*. Ce petit chien boitait, comme lui.

Justin, je suis là. C'est moi. Justin, je me suis trompée. Justin, regarde-moi comme tu me regardais. Plus personne ne me regarde comme ce que je suis. Je serai de nouveau Esther si tu me regardes comme tu me regardais. Je sens que la vie revient. Mes jambes sont de nouveau légères. Allons au bord de l'Hers. Tu me pardonnes ? Puis-je mettre ma tête contre ton épaule ? Je suis si fatiguée. Veux-tu bien de nouveau me raconter l'histoire de Jannig Pagazan ? Et celle des haricots sauteurs. Et les poissons qui nagent en banc à nos pieds. C'est ton public. L'eau m'apaisera. Je t'ai fait du mal mais j'ai changé. Tu n'es pas un rustaud Justin, tu es vrai. J'ai compris la leçon. J'ai payé Justin. Et nous avons ton chien maintenant, Peh Peh. Il est si mignon. Tu ne m'en veux pas de te dire qu'il te ressemble ? On a envie de l'aimer car il n'a pas le poil lustré. Ce n'est pas l'idée d'un chien ; c'est un chien. Que son regard est doux ! Justin je t'en prie rends-moi ton amitié. Départis-toi de cet air bourru que tu as adopté. Ton nez a épaissi, tes yeux sont si tristes. C'est vrai ce qu'on dit ? Tu bois tant ? Ce mal que je t'ai fait. Mon cœur se brise.

Et Justin est parti, Peh Peh courant sur ses talons. Et je suis restée seule.

La douleur était certainement insoutenable, mais, étrangement, je n'en garde pas souvenir. Une couture relie grossièrement deux endroits de mon corps. J'ai Abel posé sur ma poitrine. L'autre nourrisson est dans les bras de mon mari, la fille. Il l'a appelée Mallora. On m'a pris mon mari mais j'ai ici un homme qui me sera toujours fidèle.

J'ai mal aux seins et, bientôt, ces deux petits êtres avides vont me soulager en les tétant. Peu à peu, c'est comme si en me buvant ils aspiraient ce qui reste de grossesse en moi. Quand ils arrêteront serai-je redevenue Esther ? La fatigue, les cris. La joie aussi mais l'angoisse de ce qui ne peut être formulé. Qu'ont-ils ? Je transpire. La femme qui m'aide est merveilleuse. Elle me dit que je vais y arriver, qu'elle aussi en est passée par là. Les pleurs. L'impression d'avoir tout perdu. Mes cheveux tombent. J'en ai sur l'oreiller quand je me réveille mais j'ai à peine le temps d'y penser que je me dirige déjà vers les deux berceaux comme un automate. La nourrice donne le sein à Mallora, moi à Abel. Elle chante des chansons qui me calment, des mélodies de son pays. Une qui se nomme « Holly John ». Holly John est un vieil homme qui n'a plus de dents. Depuis son rocking-chair il regarde le ciel en buvant du rhum. Bientôt apparaît dans les airs un épi de maïs géant. Mais Holly John n'a plus de dents. Il ne peut pas le ronger comme il l'aimerait. Alors il part à la ville s'acheter un immense tricorne et il revient narguer ainsi coiffé l'inaccessible épi de maïs astral : *Holly John and his tricorne. Holly John oh Holly John.*

Mes pieds sont froids. Dormir. Dormir. Une écharde s'est fichée dans l'un d'eux. Je suis contente de cette douleur. Elle repousse les autres. Je pleure car j'ai mal, le fait de pleurer parce que l'on a mal est normal. Les bébés ont déjà des cheveux, châtains, qui laissent transparaître leur crâne. Les yeux ? Moi je sais qu'ils les garderont bleus. De ce bleu particulier aux miens.

Cela me rendait malade de le voir insouciamment les porter. C'était trop, trop facile. Après la bataille. Inspecteur des travaux finis. Rends-les-moi, tu ne sais rien ! On les a arrachés à ma chair. Nous sommes liés comme une grappe de fruit. J'ai enseveli mon corps derrière des habits. « Reste en bas dans ton bureau. Je préfère dormir seule désormais. » L'idée de sa main sur mon ventre me révulsait. J'étais une mère désormais, c'était ce qu'il avait voulu. Cette peau élastique. Je pouvais d'ici imaginer son regard surpris. La pitié. Horreur. Je condensais mon ressentiment à son égard par de petites phrases sèches comme des allumettes. « Pas comme ça. Donne-le-moi. Je te prie de... » J'aimais l'interrompre pour parler aux enfants comme si je ne l'écoutais pas. Cette fois où il est entré dans ma chambre, j'étais nue. Il m'a regardée avec amour et m'a dit : « Tu es belle. » Que faisait cette main sur mon sein, cette autre sur mon sexe ? La morsure du serpent. C'est sorti tout seul, le « vous ». Puis, comme il avait l'air surpris, pour l'achever : « Nous n'aurons plus de rapports. Je ne désire pas d'autres enfants. » Son regard… J'ai senti le rouge me monter aux joues, cette peine était presque insupportable à voir. Elle m'a réjouie. Il a tourné les talons et j'ai entendu la porte de son bureau au rez-de-chaussée se refermer. C'est depuis ce jour que j'ai commencé à entendre les bruits de la maison.

Je faisais déjà ce rêve, avant que *La Dépêche* ne gonfle mon imaginaire des méfaits de cet incendiaire nommé le Mérou, qu'elle colporte en un feuilleton macabre. J'étais dans ma chambre mais je savais que cela se passait dans un futur lointain. J'entendais les voix d'Abel et de Mallora puis je les voyais depuis ma fenêtre s'éloigner en direction du village, à côté d'une femme. Une présence maligne entrait dans la maison. Le parquet grinçait à l'étage, une fenêtre claquait. Puis des ombres commençaient à danser sur les murs. Des couleurs étranges sur le plafond. L'angoisse montait, montait, quand subitement la porte de ma chambre s'ouvrait. Une lumière, un vent. Une sensation de bonheur m'inondait subitement. Oui c'était à ce moment du rêve comme une grande pureté. Une grâce qui me lavait entièrement.

J'ai parlé de ce rêve au père Edmond. Il m'a dit qu'il s'agissait certainement d'une vision d'âmes du purgatoire. D'âmes se frayant un chemin dans la maison. Il a commencé à observer les murs régulièrement, en quête de traces de mains. Puis il a cherché des noises à Élise pour qu'elle cesse de faire brûler ses bouts de papier à droite à gauche. Je sais tout ce qui se passe dans ma maison. Tout. Elle n'a rien de hanté. J'ai toujours acquiescé aux propos du père Edmond. Avec lui je ne suis pas seule et je lui dois beaucoup depuis l'affaire. Dévoué, lige, le père

Edmond. Honnête. Le curé de campagne. Gourmand, notable de Dieu. Mais s'il savait ce que ses analyses me font rire intérieurement ! Parfois même j'invente des rêves en pariant sur l'interprétation biblique qu'il sortira de son chapeau. Je touche juste presque à chaque fois. Le bon père Edmond, il égaie ma solitude.

Edna avait confectionné des bonnets d'adieu pour Abel et Mallora. J'avais le cœur lourd qu'elle doive nous quitter après tout ce que nous avions partagé. Les petits jouaient près du feu quand le heurtoir a résonné par trois fois. J'ai pensé à Shakespeare, je ne sais pas pourquoi. L'impression que quelque chose d'inéluctable comme une prophétie allait se réaliser. Sur le seuil il y avait le père Edmond et, à côté de lui, la nouvelle domestique qu'il m'avait trouvée par ses bonnes œuvres. Une jeune femme pieuse et très capable, m'avait-il rassuré.

C'était une belle fille. Dans les dix-sept ans. Une peau de pêche, une bouche charnue. Ses yeux verts furetaient déjà. Elle correspondait à ce genre de fille que les hommes de la région qualifiaient de « piquante », et on voyait qu'elle le savait parfaitement. Il m'a d'emblée paru évident qu'elle n'aimait personne plus qu'elle-même. Cette fille était déterminée à réussir. Il fallait voir son regard vers les hauts plafonds et celui porté sur les cadres de nos ancêtres tandis qu'elle emboîtait le pas au père Edmond. Une fausse modestie à s'en boucher le nez transpirait de sa personne pour dissimuler tout cela. L'envie.

Les femmes ont le choix entre trois pivots autour desquels agréger l'essentiel de leur nature : l'intellect, le cœur et les charmes. Je vous laisse deviner sur lequel celle-ci avait misé. Elle ouvrait grand ses yeux serpentins et aguicheurs pour avoir l'air d'une communiante un peu niaise et soumise, et me donnait du « Madame » à chaque pièce traversée, à m'en faire rendre mon déjeuner. Me pensait-elle si sotte ? « Si Madame me le permet… Quelle belle maison a Madame… Je suis si heureuse d'être au service de Madame. »

La flatterie n'a jamais eu d'effet sur moi. Elle est si visible sur la face de celui qui la profère.

« Économisez-vous, ma fille. »

Ma peine en voyant quelques heures plus tard Edna serrer contre elle mes enfants. Puis s'éloigner au loin avec son bel accent anglais et cette phrase d'adieu : « Bien' du couwrage madame. Att-ention à vouw ey aux petit'. » On paie les gens pour qu'ils entrent chez nous. On pense qu'ils font partie de notre foyer, de notre famille, mais là n'est pas leur vie. C'est un travail qu'ils effectuent. Hormis son sang on ne peut compter sur personne, les plantes autour de l'arbre ne sont que chienlit.

La nouvelle garde d'enfants s'appelait Adélaïde, du nom de cette sainte censée venir à bout des problèmes familiaux. Cela ne s'invente pas.

Sainte Adélaïde allait être mise à l'épreuve. Je me suis arrangée pour lui faire porter un uniforme bien laid, une robe en tissu informe qui grattait ! Ceinturée par un tablier. Sainte Adélaïde méritait son cilice ! J'ai poussé le vice en lui demandant de couronner le tout avec un « indispensable » calot plat. Je riais tant sous cette cape d'austère patronne des lieux !

« C'est que l'uniforme est un peu grand, madame…

Ah… La… coiffe aussi ? Bien, si Madame juge cela nécessaire…

– Indispensable, ma fille. Edna ne l'a jamais porté, il est comme neuf ! »

Elle me regardait et un sourire de haine contenue faisait déjà trembler sa bouche. Elle peinait à garder son air modeste. Pas de chance, c'est moi qui tenais les cordons de la bourse. Sainte Adélaïde allait souffrir.

Adélaïde ne chômait pas. C'est simple, elle accomplissait même les tâches généralement dévolues à d'autres. « Mais si, monsieur Durand. Comme je vous dis ! Adélaïde va vous aider pour cela. C'est qu'elle a une grande soif d'apprendre…

– Boh, madame ! C'est que de nettoyer l'étable des cochons tout de même, pour une jeune fille…

– C'est indispensable monsieur Durand, et cela lui fait grand plaisir d'aider.

– Boh, dans ce cas… »

Elle rentrait en sentant les déjections et je lui enjoignais en prenant une myriade de mines incommodées : « Frottez fort ma fille ! » Je pense que mon mari n'a remarqué son arrivée qu'au bout de deux semaines, tant elle était occupée, car Armand, en dehors de la remise des gages, ne se souciait guère des soucis d'intendance.

Nous étions convenus avec le père Edmond qu'Adélaïde disposerait d'un jour de congé par semaine, et il fallait la voir rattraper le temps perdu ! Pomponnée, avec des habits soulignant ses formes avantageuses, et ses cheveux non aplatis par le calot ridicule, c'était une autre personne. Elle aimait avant de partir s'éterniser pour aller dire « au revoir aux enfants » – comprenez qu'elle se débrouillait pour croiser la route de mon mari afin de lui signifier ce à quoi elle ressemblait « vraiment ». Je mettais à mal sa parade : « Oh, mais vous n'êtes pas encore partie, Adélaïde ? Cela tombe bien il est indispensable de cirer les bottes de Monsieur. Ah ! et il faudrait que vous alliez chercher des bûches pour le feu dans la remise. » Puis je l'observais de la fenêtre de la chambre qu'elle occupait à l'étage, tandis qu'elle s'éloignait les mains pleines de cirage, des copeaux de bois sur sa robe, pour aller, je le savais, passer son jour de congé en ville, au café. Et ce parfum dont elle se badigeonnait quand elle sortait ! Un parfum horriblement sucré mais qui devait fonctionner sur les sens mal dégrossis de la plupart des gars puisqu'il se vendait très bien à l'épicerie. Si elle avait su ce que je faisais de son parfum durant ses absences ! J'allais en vider dans la basse-cour sur les poules des Durand.

Sainte Adélaïde me causait bien du souci. Non seulement elle parvenait à bout des tâches impossibles que je lui assignais, mais en plus elle avait avec le temps trouvé à se farder de manière si naturelle qu'elle contournait mon interdiction formelle à ce sujet. Quant à Abel et Mallora, je voyais bien qu'elle ne les aimait pas, mais mon mari n'avait de cesse de chanter ses louanges. « Vous êtes une fée, Adélaïde. Vous êtes si habile et si patiente ! » Discrète œillade de victoire de l'intéressée dans ma direction. Air modeste arboré : « Oh ! Ce n'est rien vraiment. Monsieur est trop bon. » Nous, femmes, nous nous reniflons comme des chiens. L'instinct, le flair ne trompent pas. Le bien, le mal, Armand voyait ces notions conceptuellement exposées dans ses livres de philosophie, d'histoire ou de théologie, et cela le passionnait. Mais quand il s'agissait de les déceler chez une personne de chair et de sang la palette de ses certitudes se brouillait et deux énormes œillères lui poussaient soudainement.

Le souci fondamental est que la critique lorsqu'elle est dirigée vers un être jeune et gracieux résonne immédiatement comme « jalousie » dans l'esprit masculin. Le mauvais limier que peut être l'homme, quand la boussole de ses sens est désorientée par l'arrivée d'une croupe vigoureuse… Une parole un peu vive et il se penche sur l'objet de la critique, auquel il découvre des qualités qu'il ne lui avait alors encore jamais remarquées. Décrier une femme si elle est jolie s'avérera contre-productif. Ainsi, je ne disais rien à mon mari au sujet d'Adélaïde, mais je déversais mon agacement à son sujet au père Edmond qui, bien qu'ordonné, n'en restait pas moins de son sexe. « Esther, voyons ! Cette petite Adélaïde est irréprochable. Je ne vois vraiment pas ce qu'il y a de blâmable à son âge à vouloir embellir un peu sa nature en se maquillant ou en se parfumant. Nous ne sommes pas chez les anglicans tout de même. Elle m'a été vivement recommandée, vraiment. Elle est jeune, certes il lui reste à apprendre mais… Esther, si je ne connaissais pas la droiture de votre âme, je pourrais croire que vous êtes jalouse de cette petite. »

Je n'abhorre rien plus que l'injustice à mon égard. Je semblais être dans mon propre foyer une marâtre maltraitant, comme dans les contes, une pauvre et gracieuse jeune fille. Une mégère acariâtre, une duègne…

Certes je n'avais pas voulu jouer le rôle de la femme comblée. Oui j'étais vaniteuse, et déçue de mes relations avec mon mari qui faisait passer au-dessus de tout ses lectures solitaires et ses correspondances. Taiseux. Recueilli. Patient. J'enrageais moi ! Je bouillais. Mais qu'attendais-je ?

Cependant, malgré mon caractère éternellement insatisfait, j'aimais ma maison, mes enfants et Armand, là, tout au fond de moi-même. Fichue intransigeance, orgueil. Je voulais tout.

Oui, j'aurais voulu que mon mari me regarde comme il regardait cette sotte, cette jeune première qui n'avait ni connu le quotidien du couple ni l'enfantement. Les hommes aiment-ils les femmes ? Ou aiment-ils les rôles qu'elles jouent en fonction de leur âge et de leur situation ? Salomé, Judith, sainte Anne. Pour le désir il faut être jeune et tumultueuse – idéaliste. Pour le rôle de la compagne il faut être d'humeur égale et joviale, mais aussi savoir étonner encore. Il faut n'être pas trop dispendieuse, il faut être une épaule. La mère doit être débrouillarde et patiente. Dévouée. Puis ? Ce sont ces rôles successifs qui nous fanent. Jeter aux flammes le costume changeant avant qu'il ne colle à nos os ! Mais, alors, l'incertitude… être seule, face au monde, face à soi, tous les jours… Quête et réinvention.

Si le père Edmond avait vu les pénibles scènes de mon quotidien… Les gloussements par exemple. Dès que mon mari passait à côté de la pièce où elle travaillait, Adélaïde trouvait subitement que tout ce que faisaient mes enfants était hilarant et adorable. Et il fallait le faire savoir bruyamment. Je l'entendais jouer son rôle et elle se délectait de se le voir jouer. Elle avait fabriqué des attrape-cauchemars avec des branchages et des fils de couleur – et je l'imaginais ligotée à l'intérieur, jetée hors de mes murs comme une grosse larve de papillon. Par ailleurs elle avait pris, petit à petit après qu'il l'y eut autorisée, l'habitude d'appeler mon mari par son prénom. Un choc la première fois, une fonte des neiges, à l'intérieur de moi. Je ne pouvais là non plus rien dire à ce sujet. Je l'aurais rossée ! « Monsieur Armand ! Venez voir comme il est drôle ! Abel, montre à ton père ce que tu as fait pour me faire rire ! » Elle prenait Abel dans ses bras, ce qui avait pour effet de lui remonter les seins jusqu'au menton. « Regardez, monsieur Armand ! Abel, dis bonjour à ton papa. Abel fais une risette pour ton père. Allez ! » L'ingénue ! Elle lui tendait l'enfant et j'imaginais leurs mains se toucher durant cet échange. « Il vous ressemble tant, monsieur Armand ! C'est déjà un vrai monsieur ! »

La bonté même, la joie de vivre ! Je t'en ficherais, il fallait la voir partir lors de son jour de congé, fardée comme une catin pour aller danser et boire. Et moi ? Pouvais-je me permettre de laisser mes enfants pour aller revêtir une jupe au-dessus du genou et faire tournoyer mes bas en l'air en hurlant : « Adieu la compagnie, c'est mon jour de repos ! »

Je savais que mon époux n'était pas insensible à Adélaïde. Car elle lui apportait quelque chose qui lui manquait terriblement depuis deux ans : l'admiration. Et cela n'est-il pas nécessaire à la virilité ?

« Vous avez vraiment rencontré le président du Conseil, monsieur Armand ?

– Oui, Adélaïde. Et plus d'une fois ! C'est un homme intransigeant et juste…

– Oh ! Monsieur Armand !! Je ne peux pas vous croire ! Que de beau monde vous connaissez… »

Quelle torture que ces deux tessitures s'enroulant l'une à l'autre. Ces rires. J'en étais malade à mordre mes oreillers.

Bientôt un an qu'elle était à notre service. Je n'avais preuve de rien, mais de plus en plus de regards moqueurs accompagnaient mes allers et retours au village. Les femmes chuchotaient, puis elles se taisaient subitement, l'œil lourdement appuyé à mes pas. Quand, un jour, trois vieilles en noir riant entre leurs dents trouées : « Son mari… Oui ! Avec la bonne… Je vous parie qu'elle sera ronde avant la prochaine lune ! » Voilà ce que j'ai entendu alors qu'elles tricotaient, assises devant le seuil de la maison de l'une d'elles, non loin de chez la mercière chez qui je me rendais. La porte de la mercerie fermée j'entendais encore leurs gloussements froisser mon ventre, enfoncer leurs griffes dans mon dos. Le froid. Vieilles Parques du fond des âges. Le froid des petits vices, de ces phrases prononcées à la va-vite et qui crucifient. Le diable gris des petites mesquineries.

« Avec la bonne… » Ne leur donne pas cela, Esther. La tête haute, toujours. Ne pleure pas. Ne leur donne pas cela.

« Madame ? » J'ai sursauté. La main de la mercière a saisi la mienne. Elle n'a plus rien dit et ce semblant de respect du silence, cette main amie, ont fini par me décider à rentrer alors que je pensais ne pas en avoir la force. Comment m'étais-je retrouvée dans ce vaudeville bon marché ? Je m'étais crue si supérieure.

Devant la porte de la maison, appuyée sur le heurtoir j'ai entendu le rire des sorcières. Sans bruit, je suis entrée et me suis assise sur les marches rouges de l'escalier. Face à moi, il y avait cette tapisserie dont mon mari avait hérité. Elle représentait une scène de chasse à courre. Une meute de chiens s'attaquait à une biche. Des cavaliers dans le lointain, indifférents à l'animal qui perdait son sang.

Adélaïde était devant la cheminée du salon de musique, fumant et s'observant dans le miroir, la robe mal remise et les cheveux dénoués. Elle a légèrement sursauté et a croisé les bras sur sa poitrine. Abel et Mallora faisaient encore la sieste à l'étage. J'ai rassemblé mes forces de nouveau. Les mots, la distance des mots. « Désormais nous n'aurons plus besoin de vos services. Vos gages... » Mais se sentant découverte, toute sa retenue habituelle à mon égard s'est évaporée. Elle m'a regardé de ses yeux verts et a souri comme le duelliste avant l'assaut qu'il pense déjà gagné. Trait : « Mais, madame, c'est que je suis grosse. Vous comprenez bien de qui ? » Elle a envoyé valser sa cigarette dans l'âtre, à côté du tisonnier qui chauffait, oublié dans les braises. Comme d'une cravache je m'en suis saisie.

Armand et le père Edmond se sont chargés d'étouffer l'affaire. La brûlure que je lui avais infligée était suffisante pour que, « empêchée dans ses fonctions », une petite rente lui soit versée chaque mois. Il n'a plus jamais été question de l'enfant. Il a, paraît-il, été confié aux sœurs de ***.

Avec mon mari, nous ne nous sommes plus jamais adressé la parole. Tous deux trop fautifs. Que pouvions-nous désormais nous dire ? L'issue étonnante de cette affaire, c'est l'amour renouvelé et serein que je ressens désormais. Armand. Ce n'est pas cette stupide triangulaire amoureuse qui l'a de nouveau couronné en mon cœur. Non, au contraire, notre relation est plus profonde, plus ancrée. Ses bruits feutrés m'épaulent et me signifient que je ne suis pas seule, j'attends. Mon cœur est comme lavé des *feux simulacres*. Je me contente de ce que j'ai, de ce que j'ai eu et que je n'ai pas su apprécier. Sa disparition possible me le fait mieux voir. Une fois par semaine nous marchons côte à côte jusqu'à l'église. Nos nuques sont si droites alors. Comme les tours d'une même citadelle.

Abel

Dans notre village il y a des bons et des méchants, même si c'est toujours un peu mélangé ces choses-là. Souvent je m'amuse à faire comme si j'étais un étranger qui y arriverait pour la première fois. C'est tout petit chez nous et on y accède par un chemin de terre perpendiculaire à la grand-route. À l'entrée il y a deux palmiers qui ont poussé. Ils ont l'air de soutenir le ciel comme des caryatides qui s'ennuient. Pour moi, ces deux palmiers signifient que les voyageurs, s'ils décident de franchir leur seuil, acceptent de pénétrer en terres stagnantes. Le chemin est un cul-de-sac, un tube qui digère ceux qui y entrent. Le temps y est arrêté, son suc gastrique réduit les ambitions à néant. Les jeunes sont féroces les uns avec les autres ! Les vieux ragotent ! Parfois la gorge du chemin recrache en un rototo fortuit un ou deux jeunes qui partent chercher du travail et s'établir en ville. Les veinards.

Après l'entrée et ses deux palmiers il faut suivre les deux rangées parallèles des tilleuls, derrière lesquels se faufile l'étendue des champs de maïs. Puis vient un premier bâtiment qui est l'école élémentaire, bâtisse carrée et rassurante avec son toit en tuiles couleur rouille. C'est inscrit dessus, « école communale », avec une police bleu marine arrondie et des grappes de fruits peintes qui l'entourent. Je n'y ai jamais été parce que j'ai appris à lire chez moi. Avec ma mère, comme Mallora.

Cinq bonnes minutes de marche plus tard on commence à distinguer la place du village avec sa fontaine qui clapote. Elle est carrée et sans fantaisie, cette fontaine de village. Républicaine jusqu'au bout des ongles, comme dit Élise. Moi j'aurais aimé que l'eau jaillisse de la gueule d'une gargouille en forme de monstre marin. Mais non. Même son jet n'a rien d'extraordinaire. Il tombe mollement, exactement là où on s'y attend, dans le bassin, comme un pissou d'enfant. La couleur de la place est triste quand le ciel est voilé et que la lumière s'y réverbère poreusement, mais quand le soleil d'été réchauffe ses teintes et que le blanc écru vire à l'ocre on se croirait en Italie, et ça je le sais parce que papa a plein de photos dans son album, qui ont été prises là-bas lors de sa lune de miel avec maman. Là-bas, les fontaines et les statues n'ont pas l'air d'attendre.

À gauche de la fontaine il y a le parvis de notre petite église et le presbytère, à droite, un monument aux morts très simple avec le nom des disparus écrit à la feuille d'or. Des bouquets fanés aux couleurs pastel gisent à son pied, leurs tiges nouées par des rubans bleu-blanc-rouge. En continuant on trouve un café ombragé qui doit être l'endroit le plus vivant du village, où les vieux observent, de derrière leur *Dépêche* ou leurs jeux de cartes, ceux qui se promènent. Ils ne parlent pas et leurs verres qu'ils font claquer à chaque rasade font penser à des barillets que la patronne recharge régulièrement. Ils n'ont pas grand-chose d'autre à faire qu'à attendre, les vieillards, et leurs maisons sont si petites qu'ils préfèrent cet endroit pour passer le temps. Ceux qui ne s'aimaient pas jeunes ne s'aiment pas plus désormais. Tout est histoire de familles. Ils ne peuvent plus se battre mais ils font les coqs d'une manière différente. Ils s'ignorent ou se chicanent à propos des actualités de la gazette du jour.

Après le café vient l'épicerie-quincaillerie avec son auvent jaune et blanc et ses murs enduits à la chaux. La chicorée avoisine les œufs, le pain avoisine les fourches, et les parapluies, les arrosoirs. Sur l'ardoise derrière le comptoir sont inscrits en gros les noms des mauvais payeurs. Ici il se vend de tout et presque jamais avec le sourire sauf si l'achat s'accompagne d'un ragot. En continuant plus loin dans un renfoncement il y a une mercerie avec une dentelle légère sur sa vitrine. Derrière, dans la lumière tamisée une vieille dame raccommode au milieu de ses bobines. Son index est glissé dans un dé à coudre et son pouce a la peau épaissie par les coups d'aiguille. Elle fronce les yeux et mouille régulièrement le fil entre ses lèvres pour le faire entrer dans le chas. Elle vend aussi de la lingerie, des bas en soie et, parfois, sa fille lui apporte des nouveaux ensembles de la ville, qu'elle ajuste sur le buste des deux mannequins en devanture. Depuis qu'elle est là, elle en a vu passer des ourlets et des fonds de pantalons troués, ça ! Elle est si vieille que si l'on écartait trop franchement la voilette de la vitrine elle tomberait en poussière. Comme ces fresques qui survivent dans l'ombre, elle est l'envers des villageois, mère, grand-mère, figure sacrée de la femme, étirée dans le temps.

Tout cela, c'est la première partie du village. C'est là que se passe le gros de la vie de chez nous. C'est là aussi que, les jours de marché, s'installent les étals qui chenillent de toutes leurs couleurs. Le carmin, le pourpre, le violacé du boucher-charcutier. Le crème, le bistre, le jaune et le vert-bleu du fromager. L'orangé, le rose et le violet des fruits. On doit se faufiler et se mettre sur la pointe des pieds pour pouvoir respirer. Ça crie. « Qui veut des côtes de porc ? Demandez mes côtes de porc ! » J'aime le marché pour ses odeurs fouettées ou caressées par le vent. C'est comme si les habitants étaient des mulots sortant de leurs trous tous en même temps. Y en a pour tous les goûts. Maintenant j'aide Élise quand elle s'y rend. Avant, une partie des provisions nous était offerte. Puis M. et Mme Durand sont morts.

M. et Mme Durand fournissaient mes parents en viande et en fromage. Ils engraissaient des cochons, des bestiaux et des biquettes et ils ravitaillaient la maison gratuitement car, en échange, mes parents les laissaient faire leurs affaires sur des terres leur appartenant. Ils les leur louaient pour une bouchée de pain ces terres et chaque semaine on avait des conserves, des œufs frais, des saucisses et des légumes. C'est comme ça qu'on vivait.

Leur fils aux Durand a continué de faire pousser des légumes. Il est de ceux, rares, qui sont revenus. Son stand fonctionne du feu de Dieu, et ça certainement parce qu'il a fait « agro ».

Après le lavoir, où s'arrête le marché, la route file encadrée par les champs, et les habitations se font de plus en plus rares. Il y a une grande croix en pierre à l'intersection d'un sentier qui mène vers le puits aux vœux, puis, en continuant tout droit, on longe le champ de maïs de Justin où Hans habitait et qui domine légèrement notre maison et la silhouette du cimetière derrière.

Si le marché est le lieu de réunion des adultes et le café celui des vieux, le lavoir c'est celui des jeunes et il faut avoir les tripes bien accrochées pour passer devant et supporter leurs réflexions et leurs gloussements. Maman dit que mon nom vient du mot « souffle » et j'ai bien vu que lorsque j'arrive à un endroit cela attise la nature première des gens. Les jeunes y semblent assis depuis la saint-glinglin tant ils ont l'air de s'ennuyer. Les garçons jettent des cailloux dans l'eau. Ils fument des morceaux de liane en imitant leurs pères. Ils détestent tout particulièrement Mallora car elle les ignore, avec sa longue nuque et ses beaux cheveux châtains tressés qui caressent sa taille. Comme elle les croise rarement, ils concentrent leur détestation pour son passage. Mallora me prend la main en regardant au loin comme s'ils n'existaient pas. Mais moi je regarde et j'observe la haine latente qui cuve et qui déborde. Elle les boursoufle et ils crachent : « Tu te crois trop bien pour nous ? Pimbêche. Toujours le neuneu dans les jupes ? » La main de Mallora se crispe sur la mienne et elle hâte le pas. Elle ne veut pas que j'entende mais c'est dans ces moments que le temps s'étend et qu'il fait le grand écart. Avant, il y a les rires qui serrent le ventre en signifiant la présence ennemie à affronter. Après, il y a les injures qui poursuivent, comme des pierres qu'on a peur de se prendre dans la nuque. Feindre l'indifférence, la tête haute, comme ma mère nous l'a appris. Mépriser pour ne pas subir. Revendiquer sa solitude. Microbes ! Les pires avec Mallora, ce sont les filles. Leurs insultes tiennent aux oreilles et au cœur : « Ça grossit toujours pas Mallora ! Il est pas né celui qui voudra lui grimper dessus ! Elle doit être pleine d'échardes. Sèche comme une vieille planche !

– Y a qu'à voir, même le père il a cherché ailleurs. Chez lui ça a grossi en revanche à ce qu'on dit ! »

La main de ma sœur me fait mal mais je ne le lui dis pas. Sans qu'elle le voie je leur tire la langue.

« Même le simplet a plus de répondant qu'elle ! On te gardera un peu de liane à fumer pour quand t'auras grandi, Abel, quand t'en auras eu ta dose de ta rabat-joie de sœur !

– Elle doit même pas encore avoir saigné ! »

C'est sûr que Mallora ne leur ressemble pas à ces filles. Y en a de tous les côtés chez elles, alors, Mallora, avec sa longue nuque et ses épaules droites… Mallora et ses yeux qui se perdent dans le lointain, blanche, fine et droite comme un bouleau. Après le lavoir Mallora se réfugie encore plus dans ses livres. Elle aime les histoires d'amour, Mallora, m'a dit Élise. Elle devrait lire des histoires différentes. Ça n'aide pas à affronter la vie. Après ses lectures, je prends peur de la voir si songeuse. « Dis, Mallora, tu sais que ce n'est pas la vraie vie ce qu'il y a dans tes livres ?

– Et qu'est-ce que la vraie vie, Abel ? C'est d'attendre ?

– Peut être que non, Mallora, mais si tu crois qu'un homme sur un cheval va t'emporter, tu te mets le doigt dans l'œil. Tu n'as même pas encore de seins. Les princes partent avec des princesses et les princesses sont des femmes qui ont des seins. Je le sais. »

Elle rit, Mallora, devant mes constats. « Abel, les livres c'est la vie en pire ou en mieux. Mais au moins cela ne laisse pas de place à l'ennui. Tu n'as pas envie de partir loin ?

– Et qu'est-ce qu'ils feraient sans nous, Mallora, papa, maman, Élise ? Elle n'aurait plus de travail, Élise hein ! Tu n'y as pas pensé à ça hein !

– Parce que tu crois qu'Élise va attendre que tu aies des rides pour casser sa pipe ? Abel… Cet endroit est un mouroir et tu es une peluche pour vieux. »

De colère, je lance ses livres à terre quand je ne les écrase pas sous mes chaussures. « Essaie un peu de les récupérer tes sornettes d'histoires maintenant ! Et va encore dire qu'Élise va casser sa pipe ! »

Mallora se jette sur moi. On se tire les vêtements, les cheveux, je fulmine et j'étouffe jusqu'à ce que, tous deux, sans force, on se retrouve à cours de souffle par terre sur le dos à regarder le plafond.

« Mallora ? Abel ? Où est-ce que vous êtes ? Je vais au potager, qui veut venir m'aider ? » La voix aimée d'Élise se fait entendre. Ragaillardie et gonflée d'espoir à l'idée de sa vie future, Mallora court la rejoindre, et moi, je cours jusqu'au sentier aux mûres qui jouxte le cimetière pour m'en gaver. Jamais mûres ne sont aussi sucrées et délicieuses que celles qui poussent sous les auspices des défunts.

Si je n'aime pas trop les livres sauf mes livres d'images, c'est parce que lire cela fait mal à la tête au bout d'un moment. Les textes se collent à mes rétines et tout devient confus. Les lettres dansent, les « i » jonglent avec mes iris. Les « l » se donnent la main en une farandole et ne veulent plus arrêter de se multiplier. Je place mes mains sur mes yeux fatigués. Mais même dans l'ombre j'entends ces imbéciles de lettres rire et me lancer des virgules pour que je trébuche. J'ai donc trouvé une solution. Justin me raconte des histoires qu'il connaît par cœur. La maison de Justin donne sur l'Hers et il n'a pas que des histoires d'alcool à raconter. Avec son nez surplombant sa canne à pêche, les pieds dans l'eau, à l'affût des brochets ou de fritures diverses, il laisse aller son imagination de sa voix vallonnée tandis que je suis en charge de sa gourde qui sent fort la gnôle. Ma mission, c'est de la lui tendre quand sa diction devient pâteuse, en échange de quoi il poursuit : « Tu sais pourquoi je pêche pas les silures Abel ? Eh bien sache qu'y a un silure millénaire qui nage dans l'Hers et qu'il faut pas y toucher. Tu peux facilement le reconnaître parce que son ventre est tellement enflé qu'il touche presque les galets aux endroits du cours les moins profonds. Ce silure transporte dans son ventre un livre sur lequel est consignée l'histoire du passé et du futur de l'humanité. Un jour, un homme de la ville qui était venu pique-niquer a commis l'erreur de le capturer et alors qu'il allait l'évider il a trouvé le fameux livre caché dans son ventre. L'inconscient ! Il avait à peine touché à la couverture que d'un coup d'un seul le ciel s'est obscurci et la tempête a éclaté. Une tempête du fond des âges, une tempête qui existait bien avant nous les hommes et le big bang, et qui charriait les monstres les plus ténébreux qui soient. Des sorcières hirsutes tournoyaient dans le ciel sur leur manche à balai et la grêle a commencé à s'abattre sur les vignes. Sur les vignes, Abel !!! C'était terrible ! L'apocalypse ! Le village allait finir submergé par les flots déchaînés, quand je suis arrivé avec du fil à coudre et que j'ai arraché le silure des mains de cet inconscient. Ch'avais plus en tête que l'idée des fignes du fillache à chauver, tu comprends ? » Je lui tends la flasque qui chasse sa pâteuse et qui lui rend de nouveau les mots coulants. « Merchi, Abel... Merci. Oui. Je disais donc qu'écoutant que mon courage j'ai remis le livre à l'intérieur du silure, que j'ai recousu au point de croix, mieux qu'une barboteuse, et je l'ai remis à l'eau. Il a battu des nageoires et s'est carapaté, et le ciel est redevenu clair comme de l'eau de roche. Les hirondelles ont recommencé à voler, les mouches à bourdonner et les chiens se sont ébroués. Le blanc-bec de la ville était encore plus blanc que sa chemise amidonnée. Je peux te dire qu'il a plus chamais remis les pieds près de notre ponne rivièrh. Retonne-moi une petite gorchée, Abel, s'il teuh plaît...

« Tu savais, Abel, qu'y avait un temps où le village comptait un champion de natation ? D'ailleurs c'était pas que le champion de notre village ou de notre région, Abel. C'était un champion international, que dis-je, *universel* ! Jannig Pagazan qu'il s'appelait. Ça remonte à avant ma naissance cette histoire Abel, mais je peux pas m'empêcher d'y penser quand je pêche ici avec toi les pieds dans l'eau, dans cet élément qui était le sien et dans lequel il était plus à l'aise qu'un berger dans son refuge. Sa mère était connue pour avoir les linges les plus propres de la région, vu qu'elle avait une astuce qu'elle gardait précieusement, pour ce faire en les frottant à l'écart des autres femmes du village. C'est un jour de lessive qu'elle a conçu Jannig avec un moussaillon en visite dans la région. C'était un jour de grosse chaleur et ils ont fait la chose dans l'eau ! À côté des linges qui séchaient étendus sur des arbustes.

– Ils ont fait quoi comme chose, Justin ? je demande.

– Enfin, la chose quoi. Mmmh… ils ont discuté de la chose quoi. M'enfin, Abel, veux-tu bien arrêter de me couper de la sorte dans mon histoire ! Bon, où j'en étais ?… Ah oui. Quelques mois plus tard le ventre de la mère de Jannig était secoué de mouvements brusques, tellement qu'elle est allée voir un médecin de la ville qui après l'avoir auscultée lui a expliqué qu'elle était enceinte et que son futur nouveau-né s'entraînait tout simplement au crawl, un crawl puissant et régulier d'ailleurs, il a précisé. À peine né, Jannig a été emmené à l'église du village pour être baptisé. Mais alors que le prêtre s'apprêtait à lui verser l'eau sur le front, Jannig a délibérément glissé dans le baptistère et commencé un papillon qui a éclaboussé toute l'assistance. Plus de doute, sa vocation était là. Le village était très fier de compter un aussi bon nageur que Jannig et, pour qu'il s'entraîne le plus possible, l'institutrice du village a commencé à faire sa classe ici même, près de cette berge où nous sommes assis. Elle faisait ses cours de mathématiques et de français sous des parapluies ou des parasols et Jannig écoutait en nageant, qu'il pleuve ou qu'il vente. Et il se faisait tirer les oreilles quand il avait le culot de prétendre écouter alors qu'il nageait sous l'eau. Et la nuit, Abel, me demanderas-tu ? Eh bien la nuit Jannig dormait dans une bassine. Comme je te le dis, Abel ! Un tub ! Si c'est pas de l'opiniâtreté… Mais voilà, un jour qu'il était en train de barboter plus haut dans la région, un gars en charge d'une écluse s'est endormi sur son levier et elle s'est ouverte emportant Jannig au loin. Sans nouvelles de lui, au bout d'un moment les villageois ont fini par croire qu'il avait été dévoré par une ondine. C'est alors qu'un an plus tard, une lettre est parvenue au village, postée depuis Porto Rico. C'était une lettre de Jannig ! L'encre avait coulé, mais de ce qu'on comprenait il allait très bien. Un peu chahuté, il avait suivi un banc d'anguilles qui remontait jusqu'à l'Atlantique et ils étaient désormais en route pour le triangle des Bermudes. Il avait envoyé cette carte de la dernière côte approchée pour dire aux villageois qu'il les aimait mais qu'il était destiné à l'aventure, au grand large et à l'eau salée. Salée ? Tu m'étonnes ! Coquin le Jannig, le triangle des Bermudes c'est l'endroit où les anguilles conçoivent leurs petits ! Mais bon, qui salue pas perd son ombre hein ! » Et il se marre comme une baleine, Justin.

Ce n'est pas parce que je suis redevable au Seigneur de m'avoir laissé la vie sauve que je vais de gaieté de cœur à l'église. Le dimanche, c'est la marche militaire. Je vois les vêtements repassés la veille qui m'attendent sur une chaise avec mes chaussures cirées et bien parallèles en dessous. C'est comme si je m'attendais déjà moi-même sur la chaise quand j'ouvre les yeux. Vous parlez d'un réveil. Au début ça m'amuse d'enfiler mon costume gris, mais rapidement ma cravate essaie de m'étrangler et elle n'arrête que quand Élise vient m'aider. Mes mocassins me font l'effet de deux petits cercueils comprimant mes orteils. Mes cheveux sont lissés en arrière pour que les courants d'air ne s'y faufilent pas. L'odeur de la nuit nichée dans mon cou est chassée par le gant de toilette, mes joues me font l'effet de deux tomates pelées après le passage du rasoir. La géographie de mes joues s'accommode mal du coupe-chou. Surtout la tranchée qui relie ma lèvre supérieure à mon nez. C'est sanglant parfois, mais avec l'habitude, on s'y fait. Mes chaussettes sont tractées par des pinces. Mes mains sortent des manches, les ongles polis comme ceux d'un milord. Je suis tout engoncé et je me fais penser à Hans. La messe, les messes, à combien de messes ai-je bien pu assister depuis mon enfance ? Au moins… dix mille, tiens ! Les messes actuelles sont encore plus ennuyeuses que celles de mon passé. Mais c'est un choc esthétique de les voir si beaux en ce jour, les miens. Ça illumine tous les sentiers et les rues du village ce jour-là, la meute de notre famille.

Mes yeux sont fermés. Un bruit dans le couloir, je suis dans ma chambre. J'entends les sons de ma maison. C'est dimanche. Mallora a un ruban noué dans ses cheveux souples. Elle passe ma tenue en revue, l'œil attentif au moindre détail. « Plaque un peu plus tes cheveux en arrière Abel.

– Si je le fais, je tombe à la renverse », je lui réponds.

Élise a mis sa robe à fleurs qu'elle garde pour ce jour de la semaine dans sa penderie. Elle la lave chaque semaine et la repasse avec amour. C'est comme une vieille amie cette robe, tant j'ai l'habitude de la lui voir le dimanche. Élise pose son chapeau sur sa tête comme une mésange. « On arrive, madame. Abel mettait sa cravate ! » Mouais… Les femmes j'ai remarqué, quand elles sont en retard c'est toujours la faute des garçons, alors qu'on a disposé d'un temps ridicule dans la salle de bain. Mais comme c'est après elles, bien sûr, c'est nous les fautifs.

Mallora est encore plus belle le dimanche et je m'étonne qu'il n'y ait pas un banc d'admirateurs pour l'attendre en bas de l'escalier. Ma mère est déjà sur le pas de la porte. Mon père aussi. Comme sur les photos d'avant de l'armoire de mon père. Maman a une voilette, ses talons et les traits verticaux de ses bas allongent ses mollets. Elle a une jupe longue bien prise aux hanches et une veste d'une jolie étoffe illuminée par sa broche en forme de lézard. Les yeux verts du lézard sont faits de deux petites émeraudes. J'aime cette broche. C'est celle des grands jours. Elle se repose durant la semaine dans son coffret à bijoux posé devant le miroir de la coiffeuse. Ma mère a des jambes aussi fines que celles de Mallora. Je les compare tandis qu'elles font comme des compas qui se déplacent.

Ma mère porte du parfum. Ce parfum qui a son odeur et qu'elle se vaporise en appuyant sur une poire en tissu. Il a une couleur chaude, ambrée. Il clôt sa toilette comme une armure. On sent le savon et le fer chaud tandis qu'on ferme la porte et qu'on se dirige vers le portail pour remonter tout le chemin vers le village. Quelques mèches du lourd chignon de ma mère s'échappent dans sa nuque mais d'un geste sec elle les remet en place. Mon père lui prend le bras au niveau de l'angle que fait l'avant-bras. Moteur, l'automate que je suis déroule sa jambe, l'autre. Mes chaussures me guident.

Mon père déteste M. le curé mais il vient quand même avec nous, « tradition oblige ». Ma mère ne supporterait pas qu'il ne soit pas des nôtres le jour du Seigneur car toutes les familles y viennent au grand complet. De toute manière c'est pour épauler ma mère que mon père vient le dimanche. Je le sais.

Mon père sent sa Cologne. Il a mis une veste prince-de-galles en tweed, ses bottes en cuir et un foulard dans la poche sur sa poitrine. Ils marchent tous les deux devant, avec ma mère, et je me dis que ce sont mes parents et que je les trouve très chics. Je suis fier. Tandis qu'on marche vers l'église juste à côté de la place du village, on commence à croiser les villageois qui s'y rendent eux aussi. La poussière tache momentanément les chaussures de ma mère mais s'envole aussitôt, elle n'a pas de prise sur elle.

La terre n'a pas de prise sur ma mère.

Moi, en revanche, mes chaussures sont déjà blanches comme celles d'un boulanger et je les essuie derrière mes mollets, ce qui répand la poussière sur le pantalon du costume. Les familles que l'on croise ont un air goguenard quand elles nous regardent. Mais le lion se soucie-t-il de ce que pensent les brebis ? Elles ne sont pas en ligne comme nous, les familles des villageois, mais en fouillis comme des dominos. Ça piaille. Une mère avec son châle tricoté et des vieilles chaussures lâches fiche une torgnole à une môme qui morve et qui me tire la langue entre le trou de ses dents de lait. Bien sûr je lui rends sa grimace. Cette gosse ne me revient pas, je vois bien que c'est une polissonne et je fixe l'énorme postérieur de sa génitrice pour le lui signifier. Ce n'est pas parce que l'on est des enfants que l'on doit tous s'entendre.

On dépasse l'intersection du chemin qui conduit à la mare aux grenouilles et sa croix de pierre. Au loin j'aperçois tous ces champs de maïs à perte de vue. Nous nous rendons à la messe et le champ est vert pâle, les maïs blanc chair, doucereux. Nous nous rendons à la messe et les épis sont vert fauve, jaune citron. Nous nous rendons à la messe et il n'y a pas de maïs. Il faut savoir observer, les choses changent. Enfin presque toutes, sauf le fait d'être obligé d'aller à cette fichue messe. J'aimerais que le sol m'avale pour que je puisse dormir sans que l'on me voie. Je ne peux pas dormir à l'air libre, il faut que je sois dans ma chaleur et entre des murs. C'est dommage, je ne serai jamais un vagabond…

On passe devant le lavoir, et l'église est là, avec son clocher triangulaire comme un couvre-chef de sorcière. Les cloches tintinnabulent et cela me rappelle le temps où je les faisais sonner avec les autres enfants. On se suspendait aux cordes servant à les faire se balancer et j'avais l'impression de pouvoir m'envoler. J'ai été renvoyé du groupe des enfants de chœur pour avoir mis un triton dans le bénitier. Le père Edmond m'avait saisi si fort par le lobe de l'oreille que j'étais sûr qu'il me l'avait arraché. C'est tant mieux que j'aie été renvoyé. Le catéchisme est si ennuyeux…

À la messe j'observe la fourberie des miens. Aucun enfant malgré ce qu'ils laissent croire n'écoute ce qui se dit. Pour survivre, moi, je compte les chapeaux. Mes prunelles sont si fatiguées qu'elles tombent par terre et que je les fais discrètement rouler d'une de mes chaussures à l'autre. Élise a une voix très aiguë quand elle chante. Je devrais le lui dire. Comme chanteuse, elle ne fait pas honneur à la religion. Et le pire c'est qu'après la messe elle se moque de certaines femmes en disant que ce sont elles qui chantent mal.

Je voudrais que ce soient des tournesols qui soient posés sur l'autel.

Même si je fais revivre Hans parfois pour discuter avec lui comme si de rien n'était, il y a des personnes pour qui je ne le fais pas et dont j'accepte la disparition. Pourquoi ? Eh bien parce que j'aime être nostalgique. Ça me fait du bien comme sensation. Avant, il y a eu le temps des Durand et ça, j'aime beaucoup me le remémorer. Les Durand, ceux à qui mes parents prêtaient leurs terrains. Ils élevaient des cochons, les Durand, des animaux gourmets qui se régalaient des pelures des pommes de terre, des poireaux et des restes des haricots verts équeutés. Les haricots verts à équeuter c'est ma grande terreur car cela peut prendre une après-midi entière. Je sens leur odeur de loin. Du torchon dans lequel on les fait sécher après les avoir lavés, je les vois tirer leur langue verdâtre dans ma direction. Ils se vengent, les haricots, et si l'on veut les avaler, ce dont je me passerais aisément, il faut les tailler en pièces. Leur arracher la tête, les pieds. Une fois préparés ils essaient d'étouffer ceux qui les mangent avec les fils de leurs manches. Ce sont des légumes meurtriers, les haricots verts, des meurtriers en costume, et je voyais donc avec plaisir leurs corps démembrés, mutilés, lancés en pâture aux porcs des Durand qui les piétinaient et les mouillaient de jets de salive avant de les réduire en bouillie.

Grâce aux Durand, on avait de quoi manger tout l'hiver. Le bouillon triste s'agrémentait du gras du lard qui engourmande. Il faisait de petites taches d'huile sur la surface trouble du potage. Mais pour moi, le véritable trésor des Durand c'était la maisonnette dans laquelle ils faisaient sécher les saucissons. Ils les accrochaient à côté des jambons pour qu'ils s'affinent. En hauteur, suspendus au plafond à l'abri des sauts des chiens. C'était comme une grotte préhistorique quand on levait la tête, ces stalactites de toute part. Les gousses d'ail s'entremêlaient à l'odeur de la cendre qui préservait la viande. La pénombre était comme andrinople, la viande cuite par les ombres la caressant, pleine des couleurs de frises anciennes et de récitations gutturales. L'odeur du saucisson... J'en salivais de ce fumet qui me montait aux narines. Cette senteur boisée, fourrageuse de panse de ces saucissons silencieux comme de vieux sages au bout de leurs ficelles. C'était un temple, cette maisonnette du bout du terrain. Quand les Durand sont morts, l'odeur est restée, colportant la mémoire des sacrifiés, de ces animaux dont les chairs et les sangs avaient vivifié d'autres chairs faites elles aussi de sang. Rien n'est gaspillé. Les odeurs, comme des vers luisants, comme des génies qui ne meurent jamais, infiltrent ma muqueuse et font exploser les couleurs. Réminiscences ! Les arômes me nourrissent. Oui, l'odorat est le sens auquel je ne renoncerai jamais. Les senteurs font des échos à mes souvenirs. Les cuissons et les bocaux. La chair détachée de l'os, le boyau dans lequel on glisse la viande. Les pieds de porc. Le groin, la cervelle. Les joues, les tripes, les rognons, le cœur, le foie pour les pâtés. Ragoût, rôti, saucisse, rillettes. C'était si goûté, les spécialités des Durand, qu'on avait tous des gènes de porc en nous dans la région à force de faire honneur à leurs préparations. Ils élevaient aussi des poules et des biquettes dont ils vendaient les produits frais au marché. Et des lapins. Les lapins étaient gardés dans des clapiers en fer et ils avaient leur petit cœur qui battait si fort la chamade que j'avais peur de les tuer lorsque je les caressais. L'un d'eux avait eu les incisives arrachées parce qu'elles avaient tant poussé qu'elles l'empêchaient de mâcher et qu'il se laissait mourir. Pauvre bestiole, il humectait tristement de sa langue rose et râpeuse les carottes qu'on devait lui couper en morceaux. Il cherchait à s'y faire une prise de sa petite bouche édentée comme un nourrisson qui cherche le sein. Je touchais mes incisives très régulièrement après avoir rencontré ce lapin pour vérifier que cela ne m'arrive pas, ce qui me donnait l'air très distingué de celui qui met sa main devant sa bouche quand il mange. Mallora me félicitait. Si elle avait su ! Les biquettes donnaient du lait frais et du fromage. J'aimais les voir traire. Le balancier des poignes qui saisissent les pis comme une danse. Le lait mousseux qui sent fort et qui fume dans la froidure. Elles ressemblaient à des esprits les chèvres des Durand, avec leur barbichette et leurs yeux en amande au regard fixe et à la prunelle effilée. Elles sautaient en tous sens, faisant s'envoler la terre censée absorber leurs déjections et le fourrage qu'on leur donnait plusieurs fois par jour. J'ai assisté à la naissance de l'une de ces biquettes. Elle est sortie de l'origine de sa mère, emballée, comme un présent dans un linge fantomatique, une membrane sanguinolente en guise de paquet. Ses pattes étaient si fines et si sèches ! Comme des baguettes ! Elle a essayé de se lever et a glissé et bêlé, la biquette. Et sa mère s'est approchée pour la lécher et saluer son premier *bêêêêêh*. Elle devait lui expliquer qu'elle était là pour le fromage et le lait qu'on trouve dans les bouteilles. Moi j'avais peur de m'approcher et qu'elle me croque, mais M. Durand m'a accompagné. Il me tenait par les épaules et avait sa salopette bleue qu'il mettait tout le temps et des bottes faites d'un cuir épais comme la coque d'un paquebot. « Vay-y, Abelou. Elle ne croque pas si tu y voy franchement. Derrière l'oreille gratte z'y don. » J'ai tendu ma main et l'animal était encore poisseux d'une substance qui lui humidifiait le poil. Il a regardé dans ma direction et a bêlé. J'en ai souri aux anges de cette acceptation. « Tu voy Abelou qu'il faut toujours tenter. Avé ma femme c'était pareil. Y avait moinse de poil mais beaucoup de jolis cœurs qui lui tournaient autour ! J'ay pas attendu qu'on me la pique j'y ai été droit et c'était bon. Les femmes comme les bêtes elles aiment pas qu'on leur en conte sans la garantie qu'on va bien s'occuper d'elles. La ploupart elles sentent les bons des mauvais. C'est l'instinct. » Les animaux, le Seigneur les reprend, comme nous. La mère de la biquette est morte en donnant vie à celle d'après. La mort a emporté son nouveau-né avec elle. C'est une belle mort, le chevreau saura la guider là-haut. Savoir qu'on a des gens que l'on aime qui sont là-haut, ça libère de toute peur d'y passer. C'est ce que je me dis et c'est ce pourquoi je ne me lamenterai pas.

Les Durand avaient aussi des poules. Elles pondaient dans le hangar où était entreposé le gros des meules carrées de fourrage. Les régions ont toutes leurs meules. Moi, je n'aime que les rondes. C'est deux rapports au monde différents les meules rondes et les carrées. Les unes apportent de la poésie et les autres l'idée du travail terminé. Les meules carrées me font l'idée d'une cuisine trop nettoyée. Cela dit, celles du hangar des Durand permettaient de se croire dans un château fort. Je m'imaginais grimper des remparts. Ça piquait fort les doigts et le derrière mais arrivé en haut, quelle vue ! Avec Mallora, nous montions dans cette place forte reconquise et faisions se hisser jusqu'à nous un panier, grâce à la poulie improvisée d'une corde. Dedans, du bon pain, un couteau et de la confiture. Monarques, nous régnions au-dessus de la foule de nos sujets les poules qui caquetaient. La présence de ce tiers état vulgaire était accentuée par l'odeur des porcs et des canalisations évacuées non loin. Nous avions caché un coffret dans ces meules, que nous n'avons jamais retrouvé. Il renfermait un trésor inestimable. Des perles de verre de toutes les couleurs qui filaient entre les doigts. Un mouchoir en tissu dont la broderie représentait deux perdrix s'envolant. Une pierre de quartz violette hérissée de reliefs comme le dos d'un dragon. Le violet m'a toujours paru être la couleur du mystère et de la magie. Les forains qui viennent une fois l'an au village font des confiseries en volutes sucrées qui ont cette couleur et l'un d'entre eux, un mage, peut prédire l'avenir à ceux qui en ont le courage. Il a une grande cape de velours violette qu'il rejette en arrière. Sont cousues dessus des étoiles dorées à cinq branches. Il a de forts sourcils qui abritent la lueur maligne de ses yeux verts. Les villageois sont aussi impressionnés que moi par sa venue et les femmes veulent toutes savoir comment vont se dérouler leurs amours, mais surtout, d'après Élise, passer un moment avec lui. Mallora ne fait pas exception et il lui a prédit à elle aussi la rencontre d'un beau jeune homme brun aux dents blanches qui va changer le cours de sa destinée. Cruche. Élise m'a dit que la moitié des femmes du village attendent secrètement ce beau jeune homme « aux dents blanches et au regard noir ». S'il existe, il a intérêt à déjouer la prédiction pour pas finir déchiqueté entre tous ces ongles de femmes.

Le coffret caché dans les meules carrées a disparu. À quoi tient l'enfance si ce n'est à une suite de ressentis qui entourent des formes colorées qui se meuvent ? Certaines odeurs et certains sons ont le don de raviver les vieux costumes déteints de souvenirs que je croyais perdus.

Le bruit des tourterelles. Le tintement des petites cuillères du petit déjeuner qui se fait. Ça, ce sont les souvenirs des matins. L'après-midi, les souvenirs sont plus humides. Faits d'orties et de ciels bas, d'ampoules aux pieds et de la sueur qui pique quand elle coule dans les yeux. Les galets font mal aux fesses et sont glissants d'algues dont il faut se garder. Tout comme le courant.

L'eau ce n'est pas mon truc. Sauf quand elle est domestiquée ou que ses gouttes permettent aux arcs-en-ciel de se créer. Elle est pourtant partout l'eau. Il y a l'eau de la fontaine à levier où l'on doit pomper et pomper encore l'eau du puits pour le potager. Un jour des abeilles y ont fait leur nid, elles sont sorties en furie pour piquer. Je l'ai été au bras et j'ai uriné dessus pour calmer la douleur. Ce n'était pas pratique et ça n'a pas fonctionné.

Les orties, Élise les aime. Elle cueille cette plante vipérine avec de gros gants rigides pour en faire une pâte qui est ensuite censée être appliquée en cataplasmes. Elle en fait même de la confiture pour sa réserve personnelle. Celle-ci j'évite bien de piocher dedans comme je le fais secrètement pour celles de fruits rouges et de mirabelles. Je profite généralement du départ d'Élise et de Mallora au potager pour ce faire. Elles ne semblent pas étonnées de ma soudaine bonne humeur et de mes au revoir depuis la fenêtre. Naïves. À peine la porte d'entrée fermée, je descends l'escalier quatre à quatre. Je déplace une chaise jusqu'au bahut de la salle à manger, que j'ouvre en faisant bien attention que ses portes ne grincent pas pour ne pas alerter mon père ou ma mère. Les pots sont là, rangés dans l'ombre, et après l'effort d'enlever le chapeau collé de sucre de celui qui me tente à l'aide d'une cuillère, j'y plonge celle-ci et l'enfourne dans ma bouche toujours en tendant l'oreille au cas où. Le sucre… Le sucre !

Certains fumets salés me reviennent également. La persillade, par exemple, cela voulait dire qu'une cargolade se préparait du côté de chez les Durand. Avec Mallora on se cachait dans les taillis pour les espionner alors. Ils discutaient devant leur maison, de leur accent pointu de vieux paysans tandis que les escargots se desséchaient sur une grille sous laquelle était allumé un feu. Les amis des Durand se faisaient passer une carafe de vin au long bec qu'ils bouchaient d'un seul côté, laissant le jet pourpre décrire un arc de cercle jusque dans leur gosier.

Les Durand nous invitaient aussi parfois Mallora et moi. Le fils de Mme Durand habitait encore à la ville où il étudiait. C'était leur seul et unique enfant et ils l'aimaient encore plus parce qu'ils *l'avaient eu tard*. Un jour, il avait rapporté à sa mère un cadeau distingué : un tube de rouge à lèvres et un parfum. Pour la vie de tous les jours elle n'osait pas, Mme Durand, mais ça lui arrivait d'en mettre lors d'occasions comme ma venue et celle de Mallora. Elle arrivait de derrière le rideau à franges de son entrée, portant un plat et, dessus, des œufs mimosa. Mme Durand souriait, ses dents pleines du rouge à lèvres qu'elle avait mis pour la circonstance. On n'osait rien lui dire avec Mallora. On l'aimait Mme Durand et elle était si belle pomponnée et heureuse. Le parfum très sucré offert par son fils attirait les guêpes ; et les œufs : les mouches... J'avais droit à mon baiser et je sentais la trace de la texture pourpre se coller et se décoller de ma joue, puis c'était son mari et enfin son verre de muscat qui y avaient droit. « Goûte-les les œufs, Abelou. Goûte-les ! Je les ai faits spécialement perh toué comme tu les aimes. C'est les œufs du grand air, t'en goûteras pas d'autres des si bons. Fauy manger per prendre des forces ! »

Les œufs durs étaient saupoudrés de jaune émietté. Mme Durand s'essuyait les mains sur son tablier et nous souriait. Cela devait être l'endroit au monde où il y avait le plus de mouches sur terre chez les Durand. Moi, j'avais des haut-le-cœur vers la fin parce que, de plus en plus souvent, Mme Durand sentait le parfum, mais aussi l'urine. Ça arrive aux personnes propres et ce n'est pas grave, mais comme elle cuisinait avec ses mains j'attendais qu'elle ait le dos tourné pour en donner une part à leur chien sous la table. Mme Durand les faisait spécialement pour moi les œufs mimosa parce qu'elle savait que j'aimais ça. Quand elle voyait que j'avais terminé mon assiette elle avait l'air si heureuse ! Mme Durand et son mari étaient bons. Bons comme deux grands-parents. Je donnerais tout ce que j'ai, parfois, pour de nouveau manger ces œufs au milieu des mouches, parce que cela voudrait dire qu'ils sont encore là.

J'aimerais être assis à leur table et entendre le rideau de franges de la porte bruire, tandis que sur la route non loin on verrait par-dessus leur muret de pierre les jeunes vendangeurs rire de leurs dents comme des perles. Combien de ceux que j'aime Dieu va-t-il encore rappeler à lui ?

Justin

Ce que je me rappelle surtout de mes jeunes années, c'est cette ambiance du temps comme arrêté des vieux. Je les ai toujours aimés les vieux et ça parce que j'ai grandi avec eux. Ça laisse le temps de s'apprivoiser. Les jeunes veulent la primeur de la découverte de tout et ils font la sourde oreille aux histoires des autres. C'est uniquement quand ils ont atteint l'âge de leurs parents ou de leurs grands-parents qu'ils comprennent et qu'ils s'en veulent de les avoir laissés seuls avec leurs histoires ou de les avoir jugés trop durement. On est toujours le vieux de quelqu'un en fin de compte.

Ma mère était bien jeune quand elle m'a eu et qu'elle m'a laissé chez ses parents. On a jamais été proches avec ma mère, mais elle avait des valeurs et elle a aidé ses parents et moi, jusqu'au bout, avec l'argent qu'elle gagnait. Paix à son âme, je lui en veux pas. C'est dur de s'attacher à son enfant quand on l'a eu sans homme. Elle a décidé de vivre ; pour elle. Puis elle détestait la campagne, ma mère. C'est à la ville qu'elle a fait son trou. Elle s'y est trouvé un type qui était bien et elle envoyait deux lettres par an, pour la Noël et pour mon anniversaire. Elle a pas eu d'autre enfant après moi. Peut-être que c'était pour mieux oublier son passé. Je devais avoir sept ans quand elle est morte. On l'a enterrée dans le cimetière du village, mais là aussi comme sa tombe est tout près du mur d'enceinte, c'est comme si elle voulait partir.

Chez mes grands-parents, c'était une tradition de faire attention à tout, parce que le moindre objet peut se vendre. Même la pire des carnes des objets, ça se rafistole et ça se répare. Nos mains, c'est la boîte à outils qui permet aux objets de durer. Même l'homme qui pense pas être matérialiste, lorsqu'il vient faire réparer une boîte à musique faut voir la tête qu'il fait quand il réentend la mélodie s'en échapper. Les objets, comme disait le papet, c'est notre chemin sur terre que ça balise. C'est certainement ce qui à la mort de la mamet l'a poussé à en doubler le nombre tout autour de lui. Ça lui rappelait les évènements de sa vie, et qu'il avait pas été inutile. Sa mémoire flanchait et ça faisait revenir des souvenirs. Quant aux nouveaux objets, ils lui permettaient de se dire qu'il traçait encore son sillon et qu'il allait de l'avant. C'était ses piolets dans l'escalade quotidienne jusqu'au royaume du ciel. En se retournant il y verrait tout le chemin parcouru. Il est mort avec un couteau ouvert sur les jambes le papet, ce couteau qu'il gardait parce que c'était par son entremise qu'il avait rencontré la mamet. Le jour se couchait sur sa journée et il le regardait décliner au loin depuis sa chaise à bascule en rotin installée devant la maison. La chaise d'à côté, vide et qui se balançait dans le vent, c'était celle qu'occupait la mamet il y a peu. Elle était tombée dans l'escalier, bêtement, à cause de la cire une après-midi. Il n'avait jamais accepté cette mort et gardait toujours un petit morceau de son repas pour elle, qu'il plaçait au creux d'un mouchoir dans sa poche de pantalon. Ce jour-là, la lumière de la fin de journée passait au travers du cannage de sa chaise, l'auréolant d'un jaune comme d'Asie et de la promesse d'un nouveau voyage imminent. Entré dans la couleur, le couteau ouvert entre ses mains rugueuses de vieux canneur, il avait contemplé dans la lame son reflet redevenu jeune. Bercé, la main sur l'accoudoir de la chaise de la mamet à côté, il m'avait laissé seul en souriant.

Le soir quand je me couche et le matin quand je me lève, le vent fait jouer leurs deux chaises sous le auvent que fait l'étage. Et je les entends veiller sur moi.

Le papet et la mamet tenaient un commerce de rempaillage. Ils y avaient laissé du cœur dans leurs chaises, ça je peux vous le dire. Maïs, seigle, pas de palmier même si ça avait le vent en poupe chez les riches qui se piquaient d'exotisme, car le papet disait qu'il allait pas se crever à la tâche pour le derrière des riches. Eux qui en plus détissaient les ouvrages de besogneux travailleurs pour se faire des chaises percées !

« T'imagines pas, petiot, le nombre de culs qui ont pu se relayer sur une chaise. Chaque cul est différent et use le cannage à sa façon. Tu sais que c'est les Italiens qui ont démocratisé le rempaillage ? Pour sûr, avec le vice italien fallait qu'ils se le reposent ! »

Le papet et la mamet avaient fait leurs classes chez un chaisier de la région avant de lancer leur propre affaire, comme rempailleurs itinérants. Ils avaient vendu du siège sur les marchés, rafistolé d'autres chez l'habitant, puis, à force d'économie ils avaient pu racheter une petite maison et le lopin de terre attenant qui était un champ de maïs, ce qui faisait qu'ils rembourraient et tissaient avec leur propre matériel. La maison donnait sur l'Hers pas loin, ce qui était pratique pour tremper les tiges des céréales entre les battages. Leur maison était un four, le mélange d'un atelier, d'une boutique et d'une brocante avec tout ce que le papet y amoncelait. Y avait des chaudrons, des seaux, des bobines de fil pour les fagots, et pas que. Il y avait des séchoirs à maïs. Mais aussi des selles de chevaux, des lainages, des cadres vides, des objets de saignée du cochon, des cloches de troupeaux… Pour un enfant c'est une merveille d'imagination cette maison où rien n'était à sa place, et même les gens, puisque c'était deux vieux qui s'occupaient du fils de leur fille partie trop tôt.

Mais il y avait surtout un objet qui détonnait et auquel le papet accordait un soin particulier : un nécessaire à liqueur. Son bois n'était pas rustre. C'était un bois qui devait savoir qu'il ne serait pas qu'utilitaire et il avait des élans chauds et des roulis cannelle dans son écorce. Ouvert, il faisait comme un orgue avec sa rangée de petits verres en cristal si délicats aux parois gravées d'arabesques. Mais le comble de l'élégance c'était la minuscule clef en métal qui l'ouvrait et le fermait en s'introduisant dans sa minuscule serrure. C'était le choc de deux mondes quand les doigts durcis et larges du papet ou ceux aux ongles striés de la mamet se saisissaient de cette si petite clef de fables. Je ressentais un vague à l'âme puissant une fois le coffret rangé. Je me prenais à rêver à autre chose et ça me restait en tête le soir, alors que tous les trois on était attablés devant un plat de patates et de haricots et que j'entendais les succions de la piquette et de la mie de pain qui éponge le fond de l'assiette.

Si le papet accumulait et rafistolait à côté de ses activités de rempaillage, la mamet, elle, elle tricotait. Elle fabriquait principalement des chaussettes, des gilets et des bonnets de nuit pointus. Le soir, quand elle venait m'embrasser, sa longue natte blanche dépassait de l'un d'entre eux et avec sa grande chemise de nuit on aurait dit un lutin fantomatique et rigolard. La mamet avait de l'humour. Quand le papet s'administrait trop de sa « Trinité du soir » (xérès-piquette-calva, amen) et qu'il s'endormait sur son fauteuil près de la cheminée le nez sur son journal, la mamet allait lui chercher le bonnet de nuit rose à ruban qu'elle gardait dans son armoire. Elle le lui mettait sur la tête et remplaçait le journal sur ses genoux par une bible. Le gros poupon alcoolisé qu'était le papet se réveillait devant des paraboles qui lui soulevaient le couvre-chef en tricot jusqu'au plafond. « Vieille bigote ! » il criait, et il dansait avec la rampe de l'escalier jusqu'à sa chambre alors qu'on gloussait. Le papet aimait pas le Bon Dieu et ça depuis qu'il lui avait retiré sa fille, ma mère.

Le lendemain quand je me réveillais le papet était déjà debout. Il me regardait avec un petit sourire et il me disait : « Alors petiot, est-ce que la calotte m'allait bien au moins ?

– Fieffé sac à vin ! » lançait ma grand-mère en m'embrassant, et ils se remettaient à l'ouvrage, faisant tourner les chaises sur elles-mêmes comme deux valseuses plus vaillantes qu'ils ne l'étaient désormais.

Les mois d'attente, mes grands-parents sortaient les noix, qu'on cassait avec les voisins qui venaient papoter pour en faire de l'huile. Ça piaillait dentelles et crinolines d'un côté et cèpes et ferronnerie de l'autre tout en se dégustant du muscat. Une vraie guerre de tranchées, où les deux camps s'égosillaient pour avoir le dessus.

J'étais à mon aise dans le cancan des vieux. Ça manquait d'un peu de fougue, mais moi, avec ma jambe boiteuse, la fougue elle était pas pour moi. Ça m'empêchait cependant pas de rêver.

Ma blessure, c'était un jour d'été, je m'en rappelle à cause du contraste des couleurs. Je courais en bordure d'un champ doré dans l'odeur du maïs qui cuisait par vagues lourdes. Le ciel était d'un bleu épais, la crête des céréales lui chatouillait presque pas le derrière vu qu'y avait pas de vent. Non. Ce jour-là ils roulaient chacun pour eux, le ciel et la terre, quand soudain j'ai été arrêté net dans ma course. *Sssssssvissss*. Quelque chose brillait à côté de moi à terre. Une lame dure et mystérieuse s'était glissée entre le ciel et la terre, la grande lame d'une faux. Elle leur avait sacrifié un peu de la matière, à ces orgueilleux qui prétendaient les domestiquer avec leurs fourches et leurs paratonnerres. Un peu de la semence qui couvait dans le chemin des veines de ces hommes de la terre à la peau tannée comme le cuir. Sur ma jambe une énorme entaille au-dessus du genou. Le rouge se mélangeait harmonieusement avec le bleu et le jaune, et moi allongé j'étais laissé en dehors de la peinture composée, jeté comme un tube vide, et j'ai perdu connaissance.

Ce choc esthétique m'a laissé claudicant.

J'ai appris à prendre le temps.

Le rouet des discussions villageoises filait le lien entre les générations : Mme Erbel avait eu une petite fille belle comme une rose ; ceux du Nord avaient des églises qui étaient pas faites pour défendre les leurs ; le vieux M. Bloy était mort et son fils et sa bru allaient occuper la maison. Mme Carole apprenait à coudre et à broder à de jeunes orphelines aux cheveux épais, son propre chignon maigrelet transpercé d'épingles caché derrière un foulard de toile. L'été était chaud tandis que les gosses faisaient des couronnes de pâquerettes et qu'ils pleuraient la mort des coquelicots trop vite partis. Les coqs honoraient les cocottes avant d'être plumés et mijotés au pot et les myosotis dansaient, beaux comme des séraphins dans les doigts chauds de la brise.

Ces anecdotes surannées… J'étais pas de leur classe d'âge et la sève de vie qui coulait en moi se cabrait et chauffait mon orgueil comme le soleil tord les galets des rives qui ne peuvent se désaltérer. Les vieilles amies de ma grand-mère étaient tout étonnées de voir les imaginaires dentelles, dont elles m'avaient paré pour confortablement se laisser aller à leurs discussions, tomber à mes pieds tandis que je m'éloignais, parfois agacé. « Ah c'est vrai ! On oublie parfois le petiot avec nos commérages. Il a encore toute la vie devant lui çui-ci, et l'espoir ! » Et elles riaient de ce qu'elles faisaient gentiment souffrir à l'autre sexe par mon intermédiaire. Délicieuses petites vieilles. Sirènes de nos sentiers observant ceux dont les sèves voyagent encore.

Laissant derrière moi le troupeau des têtes argentées, j'allais prendre mes quartiers à l'écart, sur un petit banc en fer peint. Là je taillais des bouts de bois ou je continuais mon travail en faisant tourner les tiges des céréales sur le patron de la chaise à venir. « On peut pas se fier à grand-chose dans ce monde, Justin, me disait le papet, mais les objets te trahissent pas. » Je crois surtout que ce que le papet appréciait avec ses objets, c'est qu'ils avaient pas d'indépendance. Ils pouvaient pas filer à l'anglaise. Tout ce qu'il avait il l'avait acquis le papet, et en tout premier lieu, ma grand-mère ! « Mon premier investissement, qu'il disait en rigolant, et je le regrette pas ! Ta mamet je l'ai rencontrée sur le perron d'une bicoque qui faisait peur. Une maison hurlante, pleine de cris d'enfants et de disputes d'adultes. Je travaillais alors pour un forgeron-coutelier. Je marchandais ses pièces. Elles avaient des manches en bois magnifique, en bois des pays du Nord pour qu'elles soient plus solides. Le coutelier me payait une petite somme sur chacun de ses couteaux que je réussissais à vendre. Moi, quand j'ai vu ta mamet dans ce vacarme, j'ai saisi l'occasion pour lui faire une blague. J'ai ce qu'il vous faut, je lui ai dit, je vends des couteaux, très affûtés. Allez en essayer un dedans et je vous l'offre si vous en êtes pas contente ! Tous les jours je me retrouvais dans la rue de ta grand-mère et mes blagues et mon opiniâtreté ont fini par payer. Ou l'usure, comme elle me taquine. Qui sait ? À force de me voir surgir telle une ombre à chacun de ses pas avec mes couteaux elle s'est faite à ma présence. "Céleste, je m'appelle", elle m'a dit un matin, et j'ai su que j'avais gagné. Ses parents étaient pas bien peinés de la voir partir... Moi je me suis formé chez un rempailleur, et elle, pour pas me laisser seul à l'ouvrage, par la force des choses elle a appris aussi. Je pense qu'on aura passé notre vie à discuter assis l'un à côté de l'autre. Elle à faire ses paniers et ses chapeaux désormais et moi à fabriquer mes chaises. Une éternité côte à côte. Elle était grosse de ta mère ta mamet, quand on a acheté la maison. Fallait tout y refaire, mais le champ était déjà beau. C'est ce qui nous a convaincus. Puis tu es venu y vivre et la maison a recommencé à battre pour autre chose que pour la simple pitance. Comme un cœur qui revenait à la vie après le départ de ta mère. La Noël sans enfants... C'est vraiment la pire des choses pour un foyer. Je te le dis Justin. Rien ne vaut les enfants. Ils n'ont pas peur de dire les choses et ça, ça simplifie tout. Vivement que toi aussi tu... »

Moi ? Moi, Justin, dans ma maison d'enfance, dans ma chambre je me suis reposé de toutes les choses qui ont rempli mon existence. Mes doutes, mes espoirs, mes désespoirs et ma tendresse. C'est un poumon, c'est vrai, c'est un cœur une maison qui a vécu. J'entends encore quand je m'endors le bruit des sabots du papet qui dansent dans l'escalier. Certains matins quand le coq chante j'entends le bruit de la paille et ma grand-mère qui fredonne sur le perron. L'alcool soulage les pertes, comme un ami. Mon chien aussi m'aidait à supporter mes tristesses. Et Élise, sa voix qui s'élevait comme l'aube par la fenêtre entrouverte. Élise, c'est ma grande-cousine. La fille du frère du papet. Mes grands-parents la voyaient peu mais ils l'aimaient leur nièce, avec sa force, avec sa joie. Elle qui s'occupait de son vieux père, comme une mère l'aurait fait pour son fripon d'enfant s'il avait mal tourné. Élise et ses plantes ! Déjà enfant elle était à analyser les tiges, les têtes, les pistils. Le mépris qu'elle avait quand elle me voyait, brute, souffler sur la crinière des pissenlits en pensant à autre chose ! « Tu l'as même pas regardée, Justin… C'est une âme que tu as prise, et ça sans raison ! elle me grondait. Si on cueille on remercie et on apprend. Ça sert pas qu'à l'amusement Justin les plantes, voyons ! Ça a du noble comme toute chose. » Elle faisait des herbiers comme on fait ses devoirs Élise. Elle a bien essayé de m'apprendre tiens ! Puis elle a potassé à la ville ses connaissances et je l'ai de moins en moins vue. Elle travaillait chez un apothicaire où son père lui-même était embauché comme transporteur et homme à tout faire. Et puis, et puis le vieux est mort et Élise a travaillé de-ci de-là. Et ici maintenant, dans la maison d'Esther.

Me restent certains des herbiers d'Élise dans une boîte sous mon lit. Comme le papet, les objets les plus précieux je les mets sous mon lit. Le bonnet rose de lutin tricoté, le nécessaire à liqueur brisé. Le couteau du papet. Mon premier attrape-cauchemars en tiges de maïs. Une bille d'Abel qu'il m'a offerte et d'autres choses qui ne regardent que moi parce que c'est intime. Les herbiers d'Élise je les feuillette pas souvent. Déjà à l'époque ça me fichait le bourdon toutes ces plantes mortes qui attendent. Dans ces feuilles, le temps est arrêté. Et moi j'aime pas ça. « C'est pour se rappeler des belles choses, Justin », disait-elle comme pour me consoler quand j'étais gosse. « Elles ternissent et se flétrissent mais elles sont toujours là et on se rappelle qu'elles ont été belles. La lumière de ce qui a passé est belle aussi. » C'était de la taxidermie cette affaire. Mais moi aussi je garde les objets, comme le papet.

Élise non plus, elle a jamais eu d'enfants. Elle avait son fichu caractère Élise et c'est vrai que c'était pas le genre de fille sur laquelle les hommes se retournaient, comme elle le disait.

Quant à moi, j'y ai cru une fois. Ce qui a été mon espoir et qu'on m'a dérobé, je l'observe dans les yeux d'Abel.

À côté du banc sur lequel, jeunot, je m'aérais des discussions des vieux, il y avait un tonneau à sangsues. Je les lorgnais se coller aux parois. Il paraît qu'elles fluidifiaient le sang. Enfin, je me rappelle plus trop mais je sais qu'Élise venait parfois en prendre pour aider sa tante Dragona qui avait des problèmes de circulation aux jambes. Mère courage Élise, à toujours devoir s'occuper de tout le monde. Et vous croyez qu'elle lui aurait légué quoi que ce soit la tante Dragona ? Rien sauf un portrait pas flatteur d'Élise qu'elle gardait à côté de son lit dans un cadre. Retour à l'envoyeur, la principale intéressée s'en serait bien passée. Enfin, la bonté paie pas toujours son homme mais elle fait du bien par là où elle passe.

Moi, j'étais sur ce fameux banc à observer les sangsues en tissant ma chaise quand je l'ai vue pour la première fois, elle. Elle accompagnait une femme blonde et charpentée, qui semblait comme lancée en avant par la force de ses bottines lacées comme des tours de Pise. Son chapeau lui donnait un air déterminé lui aussi. Elle qui suivait avait aussi des bottines et un chapeau, mais plus beau, avec un ruban dessus, et une sorte de queue-de-pie bleu marine en soie au-dessus de sa jupe blanche. La femme blonde dirigée par ses bottines et son chapeau a hâté le pas vers ma grand-mère pour observer ses paniers tissés, et la petite personne est venue s'asseoir à côté de moi.

« C'est toi qui fabriques les paniers ?

– Non, c'est trop délicat, c'est pour les femmes. Ma grand-mère les fait. Moi j'aide pour les chaises. Regarde ! » Et je lui ai montré mes mains cloquées. « Ça me prend deux jours environ pour faire une chaise mais le papet dit qu'avec l'expérience ça me prendra moins de sept heures bientôt. Et ça pour des chaises qui durent au moins trente ans !

– Tu imagines que cette chaise vivra plus longtemps que certains animaux ? » elle a dit en s'approchant du tonneau aux sangsues pour regarder dedans en se mettant sur la pointe des pieds. « C'est pour quoi toute cette eau ?

– C'est pour tremper la paille. Mais on garde les sangsues dedans exprès.

– Des sangsues..., m'a dit la petite en tordant ses mains. Ma bonne d'avant disait qu'elles sucent le sang comme les vampires... Comme... celui dont on ne doit plus prononcer le nom, Nosferatu.

– Pourquoi faut pas prononcer son nom ? j'ai demandé.

– C'est le pire châtiment, ça te fait perdre ton âme de ne plus être appelé par ton nom. Ceux dont on ne prononce pas le nom sont damnés. Ils sont dans un endroit à attendre éternellement ! »

La petite a eu l'air pensive. Elle a sorti une boîte métallique de l'une des poches de sa veste. « Tu en veux une ? C'est une pastille. » J'ai remercié et j'ai ouvert la bouche, vu que j'avais les mains occupées par le tissage. La pastille était douce et avait un léger goût de violette. « Ce sont des pastilles qui viennent de Toulouse. Père y va régulièrement pour ses affaires et il me rapporte bien des choses. » Puis : « C'est parce que je n'ai pas de frères et sœurs que je suis aussi gâtée. J'en joue bien d'ailleurs. Elle là-bas c'est ma *dame de compagnie*, elle s'appelle Clémentine. Elle a une histoire d'amour avec le fils d'un boucher qui est boucher comme son père. Je l'espionne parfois le soir quand elle se couche. Elle fait la belle et elle s'observe dans le miroir de sa chambre en prenant des airs. Elle a une poitrine énorme, on dirait une vache », elle a conclu, et on a commencé à rigoler comme des imbéciles. La bonne s'est dirigée vers nous. Elle avait acheté un beau chapeau de paille à la mamet, qui devait être triste parce que chacune de ses créations qui partait c'était comme un enfant qu'on lui retirait. Elle se remettait immédiatement à l'ouvrage après en disant : « Bah tiens, celui-ci sera encore plus beau et il sera pas à vendre. » Et elle s'y tenait jamais.

La gamine a sauté sur ses jambes. « Ravie d'avoir fait ta connaissance. Je m'appelle Esther, et toi ?

– Justin », j'ai répondu.

Elle a fait une courbette farceuse : « Enchanté, Justin ! Tu es sur ton banc tous les jours ?

– Oui, presque.

– On se reverra alors ! Clémentine va avoir besoin de beaucoup de chapeaux et de paniers maintenant qu'elle a appris que son fils de boucher se fait tourner autour par d'autres filles dans la région. »

Et elle l'a rejointe en trottinant.

Je devais avoir dans les quatorze ans et elle dans les dix.

C'était il y a bien longtemps mais je n'ai jamais oublié cette première rencontre. Son air effronté, son élégance de petite duchesse pourrie gâtée. Sa fougue. C'est comme ça que j'aime à me la rappeler. Sa nature qui était à ce moment-là concentrée comme dans un bocal et cette odeur de violette des pastilles. Son regard qui transperçait, de sa lame bleue.

Esther avait vu juste, Clémentine était prise d'une frénésie d'achats. Réglée comme une horloge, chaque semaine, à peine le déjeuner passé, son hommasse silhouette embêtée par ses robes pointait à l'horizon. En nage et se protégeant du soleil de son chapeau elle venait dilapider ses gages de jeudi en jeudi, jour où Esther n'avait pas de cours particuliers à honorer. Car Esther avait des cours particuliers de tout... Elle avait un professeur de maintien, un professeur de bonnes manières, un professeur de solfège, un professeur d'anglais, un professeur de danse... Assise sur notre banc, elle me les décrivait un par un comme une farandole de petits fours, et ça jusqu'à l'indigestion. « C'est pour quand je devrai évoluer dans le beau monde, père pense qu'une éducation à la campagne est meilleure au départ. Mais dès que j'aurai ma majorité il faudra que j'aille rencontrer les Roc du Bourg, les Rey en Chausse, les Châneuf et j'en passe. Leurs fils sont si ennuyeux... Avec toi je ne m'ennuie jamais. » Esther s'amusait à être le plus pimbêche possible dans ses descriptions. Ainsi le professeur de solfège qui la tyrannisait et qui ne voulait pas lui laisser jouer du piano tant qu'elle n'était pas capable de lire les partitions devenait : « Un pingouin étouffant sous son plastron bombé. Sa panse est si ronde qu'il ne voit certainement pas ses pieds, ce qui le fait buter à tout instant sur tel ou tel meuble. Il sent le métal, sa paupière soubresaute comme un métronome et ses sourcils ressemblent au pic du Midi tant ils sont arqués. Ses dents d'un jaune préhistorique sortent d'entre ses lèvres comme les défenses d'un morse. » Esther faisait semblant d'avoir des problèmes d'audition quand il lui enjoignait de reprendre une partition, et elle prétendait qu'alors, l'homme pris de colère, une foule de petites bulles moussait autour des défenses, ce qui lui faisait comme une moustache. Elle n'était pas plus tendre avec le professeur de danse. « Il ne sait dire que “plus droite, plus souple, plus haute”. C'est un rouquin si maigre qu'à chaque entrechat j'ai peur de le voir s'envoler sur la girouette de la maison, emporté par un courant d'air. Il s'appelle Frédéric et il a un strabisme divergent qui explique certainement sa maigreur : à peine son entrée servie il doit déjà regarder le plat principal. » La professeure d'anglais se nommait Mme Schlick. Esther l'appelait Mme Schlingue et elle la soupçonnait d'être allemande. Son col à lavallière semblait si serré autour de sa gorge que c'était pour Esther une nouvelle preuve que l'humanité entière souhaitait l'étrangler tant elle était ennuyeuse. Et le professeur de maintien ? Avec sa chevelure blonde et bouclée et son air fatigué il ressemblait à un lion léthargique faisant démentir les gravures fières et rugissantes montrées par le professeur d'histoire naturelle. Esther avait toujours mille anecdotes et elle me parlait des bals en ville où les petites dans leurs toilettes ressemblaient à des tulipes. Elles piquaient les tapis de leurs pas tournoyants et faisaient ainsi, comme de véritables fleurs, s'épanouir les pétales enfin déployés de leurs volants. Esther convoquait jusqu'à moi la modernité. Le bruit des cannes sur le pavé, les montres à gousset sorties en pleine course, les saluts des hauts-de-forme entre eux, le chahut des fiacres, la fumée et la lumière volatile des réverbères. « Certains sont si lestés d'objets qu'on dirait des scaphandriers. Quel repos ce doit être quand ils s'effeuillent le soir pour se mettre au lit. Leur légèreté doit les coller au plafond ! »

Esther aimait la campagne et n'avait pas pour idée, malgré l'obstination à ce sujet de son père, de la quitter. Elle aimait les champs, et sa belle maison dans laquelle chaque pièce avait son humeur bien à elle. Esther aimait son père qu'elle voyait peu, les friandises à la violette et la lecture. Elle venait désormais s'asseoir sur notre banc, accompagnée de livres d'images qui avaient appartenu à sa mère. Livres d'images assez gothiques d'ailleurs et empreints de messages bibliques où les mauvais étaient frappés par le feu purificateur. « C'est ainsi que meurent ceux qui ont péché ! » elle aimait à répéter comme réjouie, et ce sadisme latent chez elle me faisait rire comme si elle avait été une gosse disant : « C'est bien fait puisque moi on m'en empêche ! » Esther était piquante comme une belle fleur. Esther n'était pas bonne, mais c'était une adorable chipie.

La pauvre Clémentine avait droit à nos regards pleins de commisération, car nous sentions, au vu du nombre de paniers qu'elle achetait désormais, que son affaire de cœur prenait une mauvaise tournure. La mamet lui faisait même des ristournes sur les chapeaux car Clémentine était devenue sa cliente la plus régulière. Celle-ci s'asseyait face à elle qui tissait et elle sanglotait en lui narrant ses déboires amoureux, faisant de temps à autre une halte en se mouchant fort. Les mésaventures de Clémentine captivaient ma grand-mère, qui rivalisait de travail dans son ouvrage pour lutter contre la « vilaine brune maigre comme une allumette » qui tentait sournoisement de détourner le fils du boucher de l'amour de sa vie qu'était l'angélique et blonde Clémentine. « Le monstre brun de la nature » nous faisait rire et nous imaginions derrière le portrait brossé une brune espiègle, car Clémentine, il faut le dire, avait des yeux stupides et papillonnants et le teint mi-bistre mi-laiteux de certaines blondes fades qui se seraient mieux acoquinées avec un fils de crémier qu'avec celui d'un boucher. Quoi qu'il en soit, elle poursuivait son combat et mon grand-père était très content des recettes de fins de mois.

Esther a grandi et moi aussi. Elle n'avait plus la même odeur, ses cils semblaient plus recourbés, ses joues rentraient vers l'intérieur comme sous l'effet d'un corset invisible. Elle gardait cependant son léger duvet d'enfant juste au-dessus de la lèvre supérieure, et ses fossettes quand elle riait. Ses couleurs aussi se sont nuancées et elle mettait désormais du parfum, une odeur ambrée qui accompagnait nos promenades sur les chemins et qui teintait cette nouvelle saison de nos êtres.

On allait souvent jusqu'à l'arbre aux vœux pas loin de la maison de mes grands-parents. J'inventais pour l'égayer des drames épouvantables qui se seraient déroulés, m'appuyant sur les noms gravés dans l'écorce. Walter aurait un jour de canicule avalé sa langue ; Elie un enfant sauvage élevé par des loups aurait mangé un nouveau-né, le prenant pour un gigot. On mettait les pieds dans l'Hers et, après lui avoir de nouveau montré la manière dont on enroulait le vers autour de l'hameçon, je commençais à raconter d'une voix tonitruante.

« Tu vas faire fuir les poissons Justin ! C'est vulgaire de parler fort, elle me disait.

– Au contraire Esther, figure-toi que ça les amuse. Ils veulent la suite. »

Et là, miracle, un plouf se faisait entendre comme pour souligner que j'avais bien raison. J'adorais la voir rire, parce que ses deux fossettes apparaissaient. Esther avec ses cours m'apprenait beaucoup de choses et, par exemple, que les fossettes résultent en fait d'une malformation, d'un endroit où la chair était accrochée à l'os. Les commissures de ses lèvres s'ouvraient sur des canines un peu pointues et je racontais, je racontais. « Mais où est-ce que tu vas chercher tout ça, Justin ? Et celle de l'homme tyrannisé par sa montre, et celle de Jannig Pagazan, tu me les raconterais de nouveau ? » Je sentais l'attachement qui était le nôtre s'ancrer de plus en plus.

Mes grands-parents me voyaient revenir de nos jeux et ils rigolaient bien. Qui l'eût cru que la petite des F. s'acoquinerait avec nous autres ? Mais ils ne riaient pas longtemps non plus. Comme s'ils pressentaient quelque chose. D'inconvenant, ou qui devrait pas être, mais où y avait encore rien à dire parce que tout paraissait naturel et pur.

Parfois, je me rendais chez elle, dans cette maison qui me paraissait gigantesque et qui jouxtait le cimetière, avalée par la gueule de son haut portail en fer. Il y avait des domestiques pour tout et la spécialité de la cuisinière, Miranda, c'était la pâtisserie ! Quand on *prenait le thé*, Clémentine, qu'Esther soupçonnait d'avoir un penchant pour la bouteille, se régalait d'un baba au rhum, ses yeux éternellement mouillés perdus dans des pensées que nous ne supputions que trop. La pauvre mâchait son baba tandis que ses joues se marbraient de vaisseaux rouges. Depuis trois ans, elle perdait ses couleurs déjà rares et cela parce qu'elle se privait de viande. C'était définitif. Son fils de boucher devenu boucher s'était marié avec son cure-dents brun et elle n'avait plus foi en la vie. Quand nous lui posions des questions elle proférait des demi-réponses, et Esther commençait à souffrir de sa pesante présence quand, miracle ! Clémentine est de nouveau tombée amoureuse. Ma grand-mère prétend que, ce jour-là, la terre tremblait tandis qu'elle la voyait courir dans sa direction un sourire de guerrière wisigothe si éblouissant aux lèvres qu'elle n'était plus que dents. « C'est le fils du crémier ! » a-t-elle hurlé, faisant s'envoler des tiges de tous côtés. « Je veux ce qu'il y a de plus beau, çui-ci m'échappera pas ! » Malheur à lui, Clémentine le surplombait d'une bonne tête. Ce qu'elle a regagné de couleurs, elle les lui a prises.

C'est une après-midi, alors que Clémentine n'était pas encore mariée et où mon amie m'avait dit l'avoir vue rajouter en douce du rhum sur sa tartelette aux fraises, que la chose s'est produite. Sa cuillère gouttait fortement dans son assiette et elle rêvassait l'œil luisant tandis qu'Esther et moi avions droit à de la charlotte accompagnée de thé, une boisson *à la mode de Paris*, servie dans des petites tasses ventrues sur lesquelles étaient dessinés des poissons asiatiques avec des sortes de moustaches. Ces tasses étaient aussi délicates que le service à liqueur de chez mes grands-parents et j'ai bu une gorgée du breuvage, qui m'a fait froncer du nez. Baah… J'en ai renversé sur la nappe, quand Clémentine subitement tirée de sa torpeur a bondi pour m'arracher la tasse des mains. « Rustaud ! Comme c'était imaginable ! » Et elle est partie furieuse, de toute la machinerie de son corps en direction de la cuisine, tandis que mon amie continuait à discuter comme si de rien n'était avec un sourire en coin. Je n'avais jamais alors eu l'idée que je puisse être un sans-gêne, ou une personne s'attardant dans des endroits trop bien pour lui. Cette phrase m'a donc paru étrange, surtout venant d'une femme comme Clémentine qui s'épanchait à longueur de temps sur ses misères auprès de ma grand-mère. Esther buvait ce breuvage rapporté de Paris avec le naturel dédaigneux qui lui allait si bien. « Ce sont des carpes. Elles évoquent la réincarnation chez les Chinois. En quoi aimerais-tu être réincarné toi, Justin ? » J'ai bien réfléchi et j'ai regardé en direction de la cuisine attenante à la salle à manger, avec son immense cheminée que je trouvais si réconfortante. J'ai ri : « En chien, je crois bien, en bon gros toutou, comme ça je me mettrais en boule au pied de cette cheminée. Sous une chaise rempaillée, à regarder si l'épluchage au ciseau a bien été fait !

– Justin… Un chien… Tout de même quel manque d'ambition ! Tu aurais pu trouver mieux qu'un cabot. Moi j'aimerais être… un aigle, tiens ! Non, non ! Un pur-sang, ou un tigre , tiens ! J'aimerais voyager, j'aimerais… »

Elle a devisé comme ça, perdue dans le bonheur de ce que serait sa vie si elle se réincarnait en tigre, tandis qu'une domestique débarrassait et qu'on se rendait dans le salon de musique. J'étais honteux de mon manque d'imagination. Je ne comprenais pas ce qui m'avait pris de ne pas me défendre alors que, d'habitude, j'étais le premier à lui rentrer dans le lard quand elle faisait sa peste, ce qui la changeait bien de tous ceux qui l'entouraient et qui accédaient à tous ses caprices. Oui, un chien. Le chien est une bête fidèle, bonne, enjouée. Le chien éprouve de la compassion. Le chien se contente de ce qu'il a. Alors pourquoi ce sentiment de regret ? J'étais décidément bien sensible, j'avais pourtant eu bien des fois droit à des sobriquets bourrus ou à des remontrances ironiques. Mais, ce jour-là, celles-ci résonnaient en moi. J'avais l'impression étrange d'être comme… en sursis, dans cette maison.

Esther s'est mise au piano. J'étais pris dans la digestion de la charlotte, assis dans l'habituel fauteuil crapaud du plus profond duquel je l'écoutais depuis que son professeur de musique la laissait enfin s'attaquer à l'instrument. Elle progressait d'ailleurs très vite. Sa détermination était l'une des choses que j'admirais le plus chez elle. La cheminée crépitait. Clémentine avait son regard de vache et bâillait en regardant par la fenêtre. La nuque d'Esther dodelinait, blanche comme un cygne sous son chignon haut et brun, répondant à la frappe des touches. Il y avait une desserte sur le côté du piano et je me suis dit que le service à liqueur de mes grands-parents y aurait sa place. La taille d'Esther bougeait elle aussi et j'ai compris ce qui se passait. Ça m'a sauté aux yeux, comme ça. Esther était devenue une femme, c'était une femme qui jouait devant moi. J'ai regardé mes mains, jeunes, mes doigts déjà durcis par le rempaillage. J'ai regardé mon pantalon, mes chaussures avachies. J'étais devenu un homme. Esther s'est tournée subitement vers moi, le bleu de ses yeux accentué par la lumière qui les atteignait depuis la fenêtre. Elle affichait une moue boudeuse. « Justin. Ça ne te plaît pas ? Je sens que ça ne te plaît pas. » Je la regardais. Des mèches s'échappaient de son chignon, adoucissant le marbre de son visage. Elle a fermé brutalement le piano. « Je n'en peux plus de ce Chopin de malheur, avec sa mélancolie surannée. » Ses joues réchauffées par l'ardeur de son interprétation étaient devenues rouges. Son regard sur moi, soudainement fixe, avait quelque chose de mauvais. Tout rustaud que j'étais, je savais repérer le démon de l'orgueil quand il s'éveillait.

Je me suis retrouvé sur le large perron de la maison et j'ai repris ma route vers celle de mes grands-parents. Il y a eu d'autres thés. D'autres mots que l'enfance ne me faisait pas entendre et que j'entendais désormais. Ils atteignaient mon cœur et le piquaient. Mais celui-ci, victime consentante, battait de plus en plus fortement. Dans l'écorce de l'arbre aux vœux j'ai gravé à l'aide d'un silex pointu : Justin et Esther. J'avais peur mais je me prenais à rêver. Et pourquoi pas ? Nous étions libres, nous étions devenus adultes ensemble. J'étais la seule personne à qui elle disait tout. Elle m'avait appris à lire et moi je lui avais inventé des contes et des légendes pour la voir rire. Ne m'avait-elle pas dit qu'il ne faut jamais manquer d'ambition ?

Esther m'aimait comme un frère, était-ce si éloigné de ce qui unit deux époux ? J'avais peur et je repassais sur le trait du secret gravé dans l'écorce comme pour y inscrire une chose que l'on ne pourrait jamais nier, et les autres noms sur l'arbre me souriaient. Que dis-je, ils souriaient à nos deux noms, car eux aussi étaient, comme nous, faits d'amour et d'espoir. En plus de l'arbre aux vœux j'ai demandé à Dieu de m'offrir ce que je convoitais. C'était la première fois que je lui demandais quelque chose de sérieux, qui ne soit pas de chasser des fantômes la nuit ou de réparer ma jambe. Et je me suis endormi dans les ronflements du papet qui faisaient trembler la maison et, certainement, la tige des maïs de notre champ.

Esther se rendait de plus en plus régulièrement en ville. Je faisais le fier mais sa présence me manquait. Mon appréhension grossissait à me dire qu'elle s'amusait avec d'autres et que je ne lui étais plus indispensable. Mais Esther avait un don inné pour se faire pardonner. Sa joie, ses flatteries aussi et ses câlinages me faisaient immédiatement oublier tous mes griefs. Griefs injustifiés d'ailleurs car elle était libre…

En présence d'Esther on avait l'impression d'être la seule personne à compter. Mais moi, je voulais, vraiment, être le seul à compter pour elle. Je me disais : « Il faut tenter, Justin. Tu dois être ambitieux. Tu vas pas rester rempailleur toute ta vie. Tu vas pas faire ça, Justin, te contenter de ça ? Il faut viser plus haut, Justin. Tu en es capable. »

Esther avait eu dix-huit ans et moi vingt et un. Une belle fête lui avait été organisée à Bordeaux et je ne l'avais pas vue depuis près d'un mois. Un mois que j'ourdissais ma déclaration. J'avais passé ma veste neuve, celle qu'elle m'avait offerte lors d'un de mes anniversaires et que je n'avais jamais osé mettre encore. Ma grand-mère m'avait regardé partir avec un air soucieux. Bien que nerveux j'étais tout à ma joie de la retrouver.

Elle m'avait fait porter un mot disant qu'elle m'attendrait au pied de l'arbre aux vœux. J'avais pour l'occasion mis à tremper dans l'Hers une bouteille de vin blanc sucré, pour qu'elle soit bien fraîche.

Esther était là, en avance, radieuse. Avant même que je n'aie ouvert la bouche elle s'est jetée à mon cou. « Justin ! Mon Justin ! » Son sourire illuminait son visage. « Justin, j'ai quelque chose à t'annoncer. » Elle s'est fichée face à moi, se détachant de notre étreinte.

« Je
suis
amoureuse.
Il
va
venir
vivre
ici.
Tu
vas
voir :
Il
est
formidable.
Je
suis
si
heureuse !
L'es-
tu
pour
moi ? »

Ne pas laisser mon visage tomber à terre. Ce froid dans le ventre. Le cœur ne bat plus. Le sang déserte mes veines. Mon regard est mort, il faut que ma bouche sourie. Il faut que mes joues, les muscles de mes joues, m'aident à sourire. « Je suis heureux… Je ne me sens pas bien, Esther. Je suis heureux pour toi, je suis venu te voir mais ce matin, déjà, je ne me sentais pas bien. Je vais rentrer. Oui oui, je suis bien heureux, nous fêterons cela. Nous allons fêter cela. »

Je ne sais pas comment je suis rentré, le sol s'attachait à mes pieds lourds.

Les poissons dans l'Hers ont eu le temps de faire connaissance avec la bouteille de Tariquet.

Le nécessaire à liqueur de mon grand-père, je l'ai brisé, m'a-t-on dit.

Nous n'avons jamais réussi à le réparer.

Nicolas

Elle n'a jamais eu le cœur de tous les prendre en même temps. C'est ce que je me dis, tandis que je creuse.

Homme, as-tu bien fait ta maraude ?

Bientôt elle viendra prendre les parents d'Abel et cette grande bâtisse ne sera plus que ruines. Mais ils lui souriront, m'a-t-elle promis.

Abel est la vie de cette maison, son cœur brûlant. Il est la vie tout court, d'ailleurs, car il n'a pas peur de la perdre. Abel coupe du ciseau de sa parole la catégorie des choses admises pour se mêler au grand tout. C'est un enfant et cela pour toujours, Abel. Il danse ; il confronte. Comme lorsqu'un coup de vent déplace les graines, il arrive et de son nom il embrase : Abel. Il suffit de voir Élise pour comprendre. Il a repoussé les mauvaises icônes des dieux de son enfance.

Abel est si vivant que même La Mort ne sait pas combien de battements il lui reste. Elle ne sait pas, ou Elle ne veut pas ? Le bateleur n'est pas saisissable, Aleph il danse au-dessus des certitudes. Abel est sacré. Relié à la terre et à l'univers, aux morts et aux esprits, il marche et comme Camille la déesse, les blés ne ploient pas sous ses pas. Il ne porte pas de masque, Abel, et il a des racines immenses.

La Mort est mon amie, et moi, je suis celui qui borde ceux chez qui Elle a toqué. Leurs corps vont attendre de se dissoudre dans le grand tout d'en dessous, leur âme s'élever et se dissoudre dans le grand tout du dessus. Mais lors du jugement dernier, le lien qui perdure entre les deux comme la queue du cerf-volant les unifiera de nouveau. Les ondes et les liens sont imputrescibles. Le grand tout. C'est une idée qui effraie l'homme car il a son ego. Chaque homme s'aime dans son unicité.

Certains ne veulent pas y aller. D'autres au contraire reprochent à La Mort d'avoir pris son temps. On lui en demande trop, et ça, Elle n'en peut plus.

Sa réputation a souffert. Avant on la célébrait. On lui érigeait des temples, on lui écrivait des chansons, on lui faisait des offrandes. Avant, on savait qu'Elle aimait danser et on l'immortalisait sur des toiles. Maintenant ? On la dédaigne jusqu'à ce qu'Elle soit enfin là. Mais c'est Elle qui l'emporte.

En plus d'aimer danser Elle aime parler La Mort.

Parmi les histoires qu'Elle me conte il y a celle du vieux monsieur perché si près de son plafond et qui a fait tant d'histoires. Comme ça se fait dans la région, il accumulait ses biens précieux sous son lit. Plus le lit était haut, plus le propriétaire était fortuné, et lui, son lit était si haut qu'il lui a fallu prendre des lorgnons pour vérifier qui entrait dans sa chambre. Il est devenu livide et il a feint de se rendormir en étreignant ses draps de toute la force de ses poings. Bien sûr Elle, Elle est polie. Elle toque. Elle entre.

Elle tousse. « Hum, hum. » Rien. « Humhum ! » Rien. « Pardonnez-moi. Il est l'heure. » Elle a d'autres rendez-vous après. Mais lui, il s'en fiche. C'est simple, il n'y a que lui ! Elle fixe les sacs de pommes de terre sous le lit. La cassette pleine de pièces d'or et de bijoux. « HUM, HUM !! » C'est trop grotesque. Elle s'étire jusqu'en haut du lit et tend sa main pour le prendre. Mais là, magie, il ouvre les yeux et il tente d'être autoritaire, ce qui a marché durant toute sa vie. « Dehors ! » Elle se trompe de logis. Il parle à ses richesses : « N'ayez pas peur, mes toutes petites. C'est le voisin qu'elle vient chercher ! » Comme tant d'autres il parle d'Elle sans majuscule. Car il n'y a jamais pensé comme à une déesse, une messagère du Tout-Puissant. Elle regarde la grande aiguille, impassible, alors il essaie de l'apitoyer. Elle a bien un peu de temps. Rien ne presse. Il va lui faire servir du thé et le bougre cherche sa sonnette comme un lapin en tachycardie. Finalement il avoue : sous son lit, ce sont ses seuls amis. Ceux qui n'en veulent pas à ses biens puisque… ils en sont. Il n'a personne à rejoindre en haut. Tout ce qu'il aime est ici. Tout ça pour ça ? Ça n'a pas de sens… C'est injuste !! Il pleure, il se roule dans ses draps. Il s'urine dessus et va partir de manière ridicule, tout congestionné dans la couverture à laquelle il s'accroche. Elle l'a touché et Elle a vu : il a vécu comme un mort, il n'a jamais rien planté. Alors son âme va errer, et errer. Chacun ses soucis, il fallait qu'il réfléchisse. C'est trop tard. Le souffle sait, c'est lui qui se débat jusqu'au bout. On l'aspire mais il s'accroche au corps qui se débat, aux os, à un tuyau, à un coin de joue, jusqu'à la fin il s'accroche à la vie qui fuit de tous ses os, de toute sa moelle, aux recoins. Mais le violacé laisse doucement place au bleu. Les dernières couleurs pâlissent et on le retrouve comme un enfant tordu. En le quittant la vie a laissé un dernier coup de griffe dans la joue, crispée.

La mort me raconte. Me raconte. Elle est si fatiguée que souvent, le soir, je la porte sur mon dos jusqu'à chez nous. Devant la cheminée Elle me demande pourquoi on la caricature, maigre, livide, avec une faux. Elle est habillée de noir, c'est vrai, mais parce que c'est la couleur du grand tout qui fourmille et qui foisonne. Tout y redevient possible. Puis ça la mincit le noir, et c'est élégant. Elle va pas arriver en jaune fluo non plus !

Parfois, tous les deux, on s'engueule. D'abord, moi je supporte pas qu'on me gâche le suspense. Alors la manière dont les villageois vont finir Elle me la tait. Sauf quand je suis trop curieux et que je craque. Là Elle me donne des bribes d'informations : Élise finira heureuse dans son lit au presbytère. Justin pris dans la brise du petit matin sur sa chaise à bascule en rotin.

Autre chose, Elle a un TOC et Elle compte tout. Tout. Les circonvolutions de la terre, les naissances, les bulles, les nouveaux mots et les battements de cœur, dont le mien. J'étais petit quand je l'ai vue pour la première fois. Quand je me suis réveillé, Elle était assise à côté de moi. Une petite poupée. Ses cheveux ramenés en arrière, des mèches blondes folâtres autour de sa tête lui faisaient comme une auréole. On avait le même âge, en apparence. Elle avait ses mains posées sur sa robe noire et Elle comptait en me souriant. « Qui es-tu ? je lui ai demandé.

Qu'est-ce que tu comptes ? » Elle a aspiré ses joues dans sa bouche et a fait des griffes de ses doigts. « Je suis celle qu'ils représentent comme ça !

– Ah ! » j'ai dit, car j'avais deviné et on a rigolé. « Tu es bien plus jolie en vrai.

– Nicolas ! » Elle m'a fait les gros yeux. « Tu me distrais voyons ! »

Puis Elle m'a pris la main et à chaque battement de mon cœur Elle baissait l'un des doigts de son autre main. Quand ils ont tous été baissés Elle a fait : « Boum ! » et a agité ses bras comme des ailes. J'étais bien content de ne plus être seul.

Nous avons vieilli ensemble, dans la mémoire des gens qu'Elle allait chercher et moi dans celle de ceux que j'enterrais. Elle joue aux cartes avec moi, Elle mange avec moi et Elle perd ses dents comme moi. Nous vieillissons en reflet. Le soir nous discutons longuement devant la cheminée. La rotondité des mots les fait tourner et ils forment comme une constellation sans pourquoi ni comment. La nuit nous partageons la même couche. Elle ronronne ses décomptes même en dormant. Elle est ma sœur, mon épouse et ma mère.

C'est une intuition qui m'a réveillé ; Elle n'était plus allongée à côté de moi. Je suis allé me chercher un verre d'eau. Elle était assise sur une chaise dans l'obscurité. « Tu as du mal à dormir toi aussi ? » J'ai allumé une bougie que j'ai posée sur la table tandis que je nous servais deux verres. Je transpirais fort. C'est là que j'ai entendu le silence.

« Tu ne comptes plus.

– Je ne compte plus, Nicolas. »

La douleur s'étendait maintenant dans tout mon bras, vive.

Ses cheveux moussaient de nouveau au-dessus de sa tête, exactement comme quand Elle était petite, lors de notre première rencontre. « Ça ne sera plus long », Elle m'a dit. On se regardait, tendrement, quand j'ai senti une explosion dans ma tête. Je suis tombé à terre. Le verre s'est brisé, se mêlant aux miettes du pain qui nous avait été servi pour la soupe. Elle s'est allongée doucement auprès de moi et a mis son bras sous ma tête. Je lui ai souri tandis que ses lèvres roses s'approchaient des miennes. Quand elles ont fait : « zéro », Elle a bu mon dernier souffle. Elle était de nouveau enfant. Et le temps s'est inversé.

Mallora

C'est enfin arrivé. Enfin. La prédiction s'est accomplie. Un an ! Un an... J'étais au cimetière en train de fleurir la tombe solitaire. Celle de la mère de Justin. Elle est située près du mur d'enceinte qui le clôture. Cette tombe m'a toujours émue, on dirait qu'elle regarde vers l'horizon et qu'elle désire partir. Comme moi ! J'étais en train de lui parler à cette tombe, à cette tombe qui se languissait même dans l'après. Était-ce cela, la mort ? Une nouvelle attente ? Moi, j'attendais férocement la fête du village. J'allais régler mes comptes avec cette maudite voyante. « Un beau garçon à dents blanches va venir au village. Cette venue va changer ta vie et ta vision des choses. » Souillon, charlatan oui ! Et Abel qui me regardait, goguenard, guetter l'horizon en tordant mes mains. Abel ne sait rien des affres de ma souffrance. C'est un enfant. Un éternel enfant qui se contente de ce qu'il a. Mes parents, sereins dans leur silence... Plus vraiment vivants et immergés dans leur passé. Ils attendent tous les deux. Mais quoi ?... Comme si tout cela était normal.

J'ai perdu mon âme d'enfant un beau matin. Tout était recouvert d'une couche dense, lourde, celle de l'éternel retour des choses. Le haricot du *pourquoi* poussait dans mes entrailles, il emprisonnait mon cœur et mes poumons. Lourdeur. Les vaches ressemblaient à des vaches. Tout était fade subitement. Heureusement je m'accrochais à la Saint-Amadou et au feu d'artifice. Chaque année, les forains égayaient nos mornes terres. Les femmes lavaient leur linge dans l'Hers, elles chantaient : *Vlà l'bon vent, vlà l'joli vent*. Leur joie coulait dans l'eau, irriguant les champs alentour d'où s'envolaient des bancs d'oiseaux dérangés. Nous étions tous excités par ces merveilleuses inventions draguées jusqu'à chez nous. Puis il y avait l'odeur du sucre, les pommes enrobées de caramel et grignotées dans l'élastique démarche de la flânerie. Ça changeait de celles du marché. Le magicien, comme la cartomancienne, avait beaucoup de succès. Tout le monde voulait se voir prédire un avenir différent de celui de ses pairs. Moi y compris ? Peut-être, mais pour moi c'est bien normal. Je ne suis pas… Je ne suis pas comme les autres. J'ai toujours eu l'impression d'attendre dans un couloir. Quelqu'un allait venir me chercher. Il désignerait du doigt les autres : « Comment ? Eux ? Non. Tu n'y penses pas ! »

C'était musclé devant la roulotte : « Eh mamie, tu crois pas qu'il est temps d'laisser la place ?! T'as eu ton tour ! » La vieille attendait, puis en entrant elle demandait que l'on jette le mauvais œil sur cette péronnelle joufflue qui n'avait pas le respect de ses aînés. « Attend que ton visage décante et que tes chicots rouillent. Tu feras moins la belle ma belle ! »

Je me demandais avec inquiétude si ce beau brun dont la voyante m'avait parlé n'était pas Abel. Erreur sur la personne. Pendant toute cette année où il ne m'était rien arrivé, je tournais et retournais la prédiction dans ma tête. Oui, Abel avait les dents blanches ma foi et il était brun… Mais non, ce n'était pas possible. Le beau brun à dents blanches « arrivait » au village. Donc, logiquement… Mon Dieu ! À moins que la prédiction ne considère que notre maison était coupée du village. Qu'elle n'en fasse pas partie… Ce qui, géographiquement, n'est pas faux. Mon Dieu. Je n'en dormais plus. Je me rongeais les ongles comme un castor. Je voyais Abel, de sa haute taille, venir me chercher à la quincaillerie. « Mallora, tu avais oublié le panier d'Élise pour les courses. » Et il sourirait de toutes ses dents blanches. Et tout le monde rirait et ce qui allait « changer » c'est que j'irais me noyer dans l'Hers pour échapper à ces vilains, et à Dieu qui m'aurait oubliée parmi eux. C'était trop dur. L'attente m'attaquait de toutes ses lames.

Puis, devant la tombe solitaire il est apparu. Lui. C'était lui. C'est simple, quand on voit l'homme de sa vie, on le sait immédiatement. On le reconnaît. Des torrents d'amour. Gratitude. MercimercimercimercimonDieu.

Quand on est heureux on devient bon et patient avec tout le monde. Je touche mon corps et je ris. Je touche mon avant-bras, ma nuque, cette enveloppe léguée et qui m'a permis de ne pas le laisser indifférent. Il faut câliner ce corps chéri. Il a permis à l'esprit, dedans, d'assouvir, d'agripper. Plus de fantasmagories. Ceux-là, sous terre, sont séparés de lui, mais nous, nous sommes fiancés !

Corps chéri. Bien des choses vont nous arriver ! Nous allons partir, avec lui. Tous les trois. Mais pour cela il faut que je place notre voyage sous les meilleurs auspices qui soient. Une bougie allumée près de mon lit, prier devant. Jour, nuit, le plus possible.

Personne ne se doute, haha ! J'y pense en pelant des pommes de terre pour aider Élise. Je me fais l'effet de Cendrillon, humble et bonne, participant « naturellement » aux corvées du foyer. Cendrillon elle aussi savait, c'est pourquoi elle portait si bien son humilité.

Mon tablier plein de terre est une robe de patience. À terre la bure ! et hop, sur le destrier.

Tout sauf cette attente humble de bête.

Mes humeurs montent et descendent comme dans un beau manège. J'ai demandé à Élise si elle ressent, elle aussi, cette attente. « Non, elle m'a dit, les plantes lient tout. » Allez comprendre !

Quand je réfléchis trop visiblement, Élise me dit en reprisant, sans même avoir à me regarder : « Mallora, tu piques vers l'avant. Tu risques de tomber.

– Tu n'as jamais voulu connaître le grand amour, Élise ? Tu ne rêves pas de quitter ces champs de maïs qui ne servent à rien et ces potagers dont le seul avenir c'est la soupe du soir ?

– Et pourquoi ça devrait dépendre d'un homme, mademoiselle, de quitter cet endroit ou d'être heureuse ? Quoi qu'il en soit, mâdâme la duchesse, vous en mangerez bien ce soir de cette fameuse soupe si indigne. Et m'est avis que comme à votre habitude vous y reviendrez même une deuxième fois ! »

C'est depuis que mes seins se sont mis à grossir, je crois, que je suis devenue si impatiente. On commençait à retirer des secondes à ma vie, *tic, tac, tic, tac*. Dans la salle de bain, j'observe en tournant sur moi-même mes fesses qui sont rondes et surmontées de deux petites fossettes au niveau des reins. Je vois mon ventre plat dont le nombril taillé en amande se fend jusqu'au ciel quand je m'étire. Certes, je n'ai pas la poitrine lourde des filles qui font saliver les garçons du lavoir. Certes je n'ai pas leurs lèvres pleines, mais moi aussi je suis une femme désormais et je me trouve belle. C'est moi qu'il a remarquée et non elles ! Je tourne sur moi-même en faisant battre mes cheveux des deux côtés de mon corps, et entre les mèches je me lance devant la glace un regard farouche.

L'odeur métallique ; j'ai traversé l'épreuve des saignements. Élise m'a expliqué comment soulager la douleur : baumes, cataplasmes, tisanes. Elle m'enroule des serviettes chaudes pleines d'huiles végétales autour de la taille, sur les reins, ou me fait dresser les jambes droites sur le mur. Je suis heureuse de ces saignements que j'ai tant attendus, même si ma literie relève certains matins du champ de bataille. Ces saignements… Avant, je n'avais pas conscience d'avoir un corps. Ensuite, plus on l'écoute, plus il parle… J'aime cette idée de ce secret de femme. J'ai l'impression d'appartenir à… à un groupe, je crois. Ma mère, bien sûr, ne m'a jamais avertie de ces choses-là, mais je n'ai pas eu peur car j'avais été prévenue par l'une des bonnes d'avant Élise, un jour que je la voyais peinant à nettoyer une tache sur son linge. Non, je n'avais qu'une crainte, c'est que la chose arrive à l'église, un jour où je porterais une robe claire.

Tandis qu'elle me fait faire mes leçons, je regarde ma mère, me disant que ne pas être bien lotie de la poitrine est une tare apparemment familiale. Mais moi je peux courir sans embarras, je peux tirer à l'arc si je le désire, je peux enquiquiner Abel sans douleur. Mon corps est droit, ferme et fin, comme une tige, comme les bambous des encyclopédies sur lesquels se tiennent ces drôles de bêtes que sont les koalas. J'essaie les poudres de ma mère en douce dans la salle de bain et je me dis : Tu es belle Mallora, tu es une femme, c'est une peine que personne ne soit là en ce moment pour observer ta beauté. Il va partir Mallora. Oui. Il ne va pas fuir avec toi comme il te l'a promis. Non. Ta beauté va se faner et personne ne saura que tu as un minuscule grain de beauté, ici, caché. Pourquoi Dieu m'a-t-il créé ce grain de beauté si je suis la seule à le voir ? Et je m'amuse à me tartiner de poudre et je me mets du rouge sur les dents et je fronce pour faire apparaître des rides sur mon visage, fort pour qu'elles y restent. Je me décoiffe grotesquement et je me cambre vers l'avant en avançant mon bassin et en écartant les jambes. Trop tard ! Hahaha ! Regarde la vieille femme que tu es devenue Mallora. Trop tard ! Ton fameux prince n'est jamais venu te chercher. Tu es désormais indésirable et vieillie. Tes seins pendent et tu as les épaules qui avancent ! Baaah… Ta peau des bras est flasque et celle des mollets est glabre. Regarde ! Tes cheveux sont plus rares sur tes tempes. Tu ressembles à une souillon, à une vieille souillon. Oh là ! des vaisseaux derrière le genou, sur ta cuisse, des varices ! Tu es vieille et laide et tu as des varices ! Oh ! Mais tes fesses pendent un peu dis-moi, et ton ventre… il a gonflé au niveau du pubis. Tu essaies de le rentrer, impossible !

Cette démarcation boursouflée sous tes yeux, gonflée, molle. Ta peau ne colle plus à tes os. Tu étais sotte et vaniteuse. Personne n'est venu, pauvre fille qui attendait. Il est parti, parti ; tisse pauvre vieille fille, tisse, maintenant tu as tout ton temps. Crache tes dents et pleure le lac de tes regrets. On pourrait y noyer un village, tiens ! Tu es une vieille fille et, et, et... et personne ne viendra à ton enterrement sauf ton frère ! Tu laisses tes cheveux drus et grisonnants dans les dents de ce peigne de Paris ?!

Et je me gifle et je lance le peigne sur le miroir en pleurant cette fois-ci de vraies larmes.

Non ! Plus que quelques jours, plus qu'une semaine et je serai partie. Plus que, plus que, plus que.

Les nuits sont longues, alors je fais et défais mon paquetage. Qu'emporte-t-on avec soi ? Qu'est-ce qui nous constitue ? J'ai deux romans anglais que j'aime et que j'emporterai. Ma médaille et ma bible, que j'ai beaucoup annotée. J'ai ma couverture d'enfance aussi et les dents de lait d'Abel que j'ai gardées dans une petite boîte rose. J'emporterai bien le parfum de ma mère et la montre à gousset de papa. Tout cela n'est pas un au revoir définitif. Nous reviendrons, je reviendrai quand nous serons mariés.

Nous partirons après le feu d'artifice. Ce soir-là nous ferons semblant de ne pas nous connaître si nous nous croisons. Nous partirons presque en même temps que les forains. Il faut prier pour que tout se passe bien. Il faut que Dieu nous épaule dans notre fuite. Alors, je prie en regardant brûler les bougies sur le chandelier de ma chambre. Tant que le feu brûlera sur le chandelier, tant qu'aucune des bougies ne s'éteindra, les bons anges seront de notre côté. Il me l'a dit, les bougies veillent sur les destins particuliers, comme des phares. Je m'agenouille et je prie. Nous allons, oui ! Et nous ferons la chose que j'ai devinée dans mes livres. J'aurai ce soir-là la belle robe que j'aurai emportée avec moi, celle que j'ai vue en devanture de chez la mercière. Je vais demander à Élise pour cette robe. Elle ne me refuse rien. Elle m'aime. Puis c'est la fête du village tout de même ! Mère sera d'accord. Elle a même dit qu'elle me prêtera ses perles, que cela leur rappellera, au village, qui nous sommes. Mes parents, eux, ne viennent jamais assister au feu d'artifice. Ils le regardent par la fenêtre de leur chambre respective. Ils sont « au-dessus ».

Mon amour sera heureux.

Il m'aime. Il s'intéresse à moi. « Tes parents ne se retrouvent jamais ? Ils ne s'adressent vraiment jamais la parole depuis ton enfance ? » Ça l'intéresse notre maison. Nos histoires de famille. Il me comprend mieux quand je lui raconte, c'est pour cela qu'il est si curieux des détails. « Tu dors à l'étage ? Ta fenêtre donne sur cette belle allée d'arbres ? Et ta mère ? »

Est-ce les possessions qui ont empêché mes parents de partir ? Est-ce notre naissance avec Abel qui les a fâchés ? Est-ce cette région, ce village qui les a desséchés, dégorgés de leur amour ? Et cette histoire de domestique, est-ce une histoire véritable ou de simples quolibets d'envieux ?

Moi je me fiche bien de l'argent et des conventions.

De ce que pensent les autres. De toute façon, ils nous détestent déjà ! Quant à la fortune…

Bien sûr mes parents me manqueront, et Abel. Mais je sais, je sais qu'ils comprendront. Et Élise aussi. Élise la première ! Ils seront heureux, finalement, quand je reviendrai le sourire aux lèvres et la bague au doigt. De toutes les villes traversées j'écrirai à ma famille. Mais pas un mot pour l'instant !

Élise a des yeux de lynx. Mes essais de maquillage ne la dupent pas. Elle saisit mon menton de ses doigts rugueux. « Mademoiselle a bonne mine, ses vocalises durant les ablutions lui mettent du rouge aux joues et aux lèvres. » J'aime sa chaleur, ses formes généreuses différentes des miennes et de celles de ma mère. Sans elle, Abel et moi nous serions morts de tristesse. Je le lui revaudrai. Elle va rester avec Abel et mes parents et prendre soin de lui. Puis chaque année je reviendrai en même temps que les caravanes. Avec mes futurs enfants. Nous enverrons de l'argent ! Élise pourra s'offrir une maisonnette dans laquelle elle étendra ses maudites jambes devant la cheminée. J'ai bien hâte…

Élise.

J'aime tresser ses longs cheveux quand elle me laisse le faire, j'aime mettre mes bras autour de ses épaules et sentir ses deux gros seins réconfortants d'où monte une odeur légèrement aigre, celle de sa peau constellée de taches. Élise. Ce puits de sérénité renouvelée tous les matins.

Élise a fini par m'aider à me maquiller. Discrètement. Elle crache dans un petit pot rempli de cendres de bois noirâtres récoltées dans la cheminée et frotte une petite brosse dessus avant de me la passer sur les cils. Avec des chutes de tissu Élise me fabrique des jupons de couleurs vives. Personne ne sait que sous certaines de mes robes bien comme il faut couvent du rouge, du rose, du jaune, un perroquet oui ! Ses ailes feront exploser le cocon des convenances. « Je n'aurais pas cru cela d'elle », diront-ils.

Avant cette promesse de départ, les journées pesaient si lourdement sur moi, chargées de ce qui doit être fait mais dont on ignore le but. J'observais avec agacement Abel qui ne manifestait aucun changement. « Sors de toi-même, la solution est à l'extérieur », semblait-il me dire à gambader partout. J'étais lourde. Quand son imaginaire lui suffisait, moi je devais le renouveler constamment par des lectures. Toutes ces vies vécues par le prisme d'êtres de papier, était-ce de la résignation ? Du laisser-aller ? Était-ce de la lâcheté de laisser les rênes à d'autres ? J'aimais les romances et je m'en gavais comme de mauvais sucres. C'est au travers d'elles que j'ai connu mes premiers désirs. J'étais mangée, dévorée par ces livres. Allez vous satisfaire ensuite du : « À table, Mallora ! »

Les filles du village ? Elles se marieraient certainement aux villageois traînant avec elles au lavoir. Des rustauds, oui, ha ha ha, autant finir seule qu'avec ces garçons simiesques. Ils auraient des nouveau-nés aussi ronds et bêtes que les patates qu'ils cultivaient. Je ne suis pas charitable ? Ils ne l'ont jamais été non plus. De toute manière, chaque mauvaise pensée, je me la fais payer. Je m'imagine le pire pour moi-même. La solitude, la laideur. J'essaie d'être humble. Ô combien j'aimerais être humble ! Comme le dit ma mère, Dieu finit toujours par punir ceux qui ont péché. Elle est si résignée… Elle ne voit personne d'autre que le père Edmond, Élise, moi et Abel, et cela semble lui suffire. Ah j'oubliais, à défaut d'une relation normée avec père elle a un époux de substitution : le père Edmond ! Ils font la causette tous les deux. Ce n'est pas pour rien qu'il porte la robe, c'est une vraie commère ! Je le soupçonne de forcer les gens à lui répéter toute une foule d'on-dit juste pour assouvir son désir de cancans… Mallora… c'est l'émissaire de Dieu… Alors je me fais payer cette mauvaise pensée. Entre mes ongles, j'accroche une petite pincée de peau, et je tourne. Cela saigne et fait une petite boursouflure quand c'est réussi. Se faire payer le mal que l'on fait, cela fait plus de bien que d'avoir d'emblée choisi de faire le bien.

Ça ne tourne pas rond chez moi ? Mon frère joue avec le souvenir de son épouvantail, Élise avec ses plantes, mes parents avec leurs griefs. Suis-je l'originale de la maison ? Quoi qu'il en soit, ils ont tous une raison tangible d'être là. Moi, avant de l'avoir rencontré, lui, je piquais vers l'avant, comme le dit Élise. Vers un futur fait d'incertitude.

L'avenir… Ce mot qui ne voulait rien dire se gonfle désormais de vent. Ses voiles blanches m'emmènent en terres inconnues. Les mots qui ne désignent rien sont peut-être des mots dangereux, faux, mais ils donnent de l'espoir. Ils nous sortent de nous-mêmes. Je suis tendue comme la corde d'une harpe et je vais… Je vais… Tout va changer.

Oh ! Avec l'excitation je me rends compte. Le début ! J'ai oublié de mentionner le tout début ! C'est un vrai début de conte gothique ! Notre première rencontre s'est faite près de la tombe solitaire. Celle qui appartient à la mère de Justin. Élise m'avait chargée de la fleurir. Mes ongles crissaient de pierre et de terre, j'enlevais machinalement la mousse qui s'y était accolée quand j'ai senti sa présence. J'ai sursauté. Un garçon de haute taille, adossé à une stèle, fumait en m'observant. Il a jeté sa cigarette à terre. Très grand, il eût été difficile de lui donner un âge car ses rides d'expression étaient gravées par le soleil. Des boucles épaisses comme des réglisses, de larges épaules, des sourcils droits de statue grecque et des yeux d'un vert dense. Les lèvres étaient charnues, surtout celle du dessus. Ces dents ! Ses dents très blanches. C'était lui… !

J'ai senti que je rougissais. Il ne parlait pas mais souriait. J'ai réarrangé mes jupes tandis qu'une voix bizarre sortait de ma bouche : « Fou m'avez fé peurh, monsieur. »

Mieux valait se taire. Il s'est penché et a délicatement passé sa main sur la pierre tombale.

« De la famille à vous ?

– Nohon. Mais d'une amie de la famaille. »

Avale ta salive bécasse, tu te ridiculises. Avale ta salive. Respire.

Il tournait autour des tombes comme un aigle surplombant ses terres. J'ai réussi à articuler : « Vous venez d'arriver avec les forains pour la Saint-Amadou ? » C'était son corps musclé qui m'avait soufflé cette idée.

« Oui.

– Vous êtes forain alors ? »

Il s'est arrêté et m'a regardée comme si ma question lui paraissait complètement incongrue. « Cela vous rassurerait-il, Mallora ? » Mes joues étaient en feu, mes mains tremblaient et j'ai décidé de les cacher derrière mon dos tandis que je me récriais : « Mais comment connaissez-vous mon nom ? » Il a ri, d'un rire clair et joyeux. Ses dents ont reflété la lumière et elles m'ont fait l'effet de crocs.

Un croissant de crocs. Un beau croissant d'ivoire, blanc. Il a désigné Abel, plus loin : « C'est ce jeune homme qui me l'a donné. Nous nous sommes déjà croisés lors de ses promenades dans les champs. » Je n'avais pas vu Abel, que je pensais être avec Justin, près de l'Hers.

Mon attitude adolescente étant par trop pitoyable, j'ai tenté un repli élégant : « Mouimf enfin mon nom je ne le donne paza à tout le monde heinh… Abel, viens ! Il faut que nous rentrions, Élise doit nouz attendhre.

– Elle nous attend pas, Mallora, elle est encore aux légumes, on peut rester. »

Boulet d'Abel. Le bel étranger se fendait certainement la poire derrière son visage courtois de sphinx. Très droite j'ai lavé l'affront que m'infligeait Abel en haussant un sourcil de manière dédaigneuse.

Finalement, à la sortie du cimetière, alors qu'Abel courait déjà vers la maison, il m'a tendu la main. « Puisque je connais votre nom il serait normal que je vous apprenne le mien. Je m'appelle… »

Une fois que nous sommes rentrés, j'ai questionné Abel pour obtenir des détails. Mais celui-ci a vu clair dans mon jeu. « Tu voudrais que je te dise qu'il a posé des questions sur toi hein ? Qu'il revient autour de la maison parce qu'il t'a vue au loin ! Ben non. C'est papa et maman qui l'intéressent. Chez nous comment ça fonctionne. On s'est croisés dans le champ de Hans puisque c'est de là qu'on voit le mieux la maison. Depuis qu'il est arrivé avec les forains il dit qu'il est converti à notre *panorama* !

– Tu es un bougre de menteur, Abel. N'oublie pas ce qui arrive aux menteurs !

– Et aux vaniteux comme toi Mallora ? Qu'est-ce qui leur arrive aux vaniteux comme toi ? Puis si tu avais des choses à demander il fallait le faire au lieu de devenir rouge et d'arborer ta bouche pincée. »

Je lui ai lancé dessus un livre qui traînait sur un guéridon. La teigne s'est attaquée à mon tibia. Ça allait barder ! Je m'apprêtais à répliquer quand la voix d'Élise s'est fait entendre pour qu'on vienne l'aider avec ses paniers de légumes.

Abel était trop enfant pour comprendre. Le coup de foudre. À la porte du cimetière, mon aimé m'avait fait promettre de le retrouver plus tard.

Chic, de la soupe ! Encore une bonne vieille soupe des familles. Je raffole de la soupe désormais. Pourquoi ? Parce que je suis heureuse. Abel raconte ses anecdotes et ma gentille Élise l'écoute en me souriant. J'éprouve une joie que je n'ai jamais connue. La joie d'avoir trouvé l'objet de mes attentes, et cette joie me fait mieux profiter de tout ce qui m'entoure et que je ne voyais plus. Mon acuité mémorise : le grain de beauté d'Abel sous l'œil, les rides comme des racines sur le décolleté d'Élise, l'odeur de la marmite.

« Eh bien, a-t-elle dit ce jour du cimetière, il faudra que ta sœur aille plus souvent festonner les tombes, ça la met en liesse ! » Abel avait dédaigneusement haussé les épaules.

Tandis que nous marchons, mon aimé regarde mon visage avec respect. Il dit que je ferais un beau modèle pour une pietà, qu'il aime la mélancolie qu'il voit dans mes yeux et que certains visages sont encore plus beaux quand ils sont tristes. Il est mystérieux. Je percerai tout cela, nous ne nous connaissons pas encore après tout. Mais nous parlons, nous parlons... Certaines amours sont évidentes. Elles flambent. Dans ces cas, une heure c'est comme une vie.

Cette voyante, finalement... quel talent !

« Tu n'es pas comme d'habitude, Mallora, me dit Abel tandis qu'il m'accompagne cueillir des fleurs. Tu es bizarre et tu ne me laisses plus venir me promener avec toi. Pourquoi ?

– La preuve que si !

– C'est tes bouquins qui te mettent dans un tel état ? Pourquoi tu te tartines de couleurs comme un vieux courtisan quand tu sors te promener toute seule ? Je savais bien que tu allais devenir folle. Je l'avais parié avec Hans !

– Causes toujours, Abel, j'ai mon jardin secret, moi. Et il n'est pas imaginaire comme le tien. »

Abel est devenu tout sombre et je m'en suis voulu.

Les cailloux crissent dans le silence.

« Pourquoi papa et maman ne s'aiment pas, Mallora ?

– Je te défends de dire que papa et maman ne s'aiment pas, Abel. Est-ce que tu as l'impression que les autres couples, au village, s'aiment plus ?

– Oh non alors ! Le père Piquel crie si fort sur sa femme que ça s'entend même de derrière leurs volets. Et la grosse Clémentine, la femme du crémier, elle a tout le temps l'air furieuse contre lui. Au marché, il baisse la nuque dès qu'elle passe derrière lui comme si elle allait lui mettre une torgnole ! »

J'ai gloussé : « C'est Élise qui te l'a appris, ce mot ?

– Élise m'apprend beaucoup de choses, Mallora, figure-toi. Moi, je l'écoute plutôt que de me noyer dans des songeries qui ne servent à rien ! Si Élise est ici-bas et pas morte, c'est qu'elle a encore des choses à nous apprendre. Et que le Bon Dieu l'a pas punie, parce qu'elle ne pèche pas. Je m'inquiète pour ton salut, Mallora. C'est sûr que tu caches quelque chose. Ça te soulagerait de me le dire !

– Élise est une sainte femme, Abel, sur ce point au moins nous sommes d'accord. Pour t'avoir supporté elle sera canonisée. »

Le tigre Abel a bondi.

Ça m'a fait du bien de l'avoir tout contre moi, à nous battre comme avant en arrachant des herbes pour s'en badigeonner la figure. Essoufflé, Abel s'est mis en tailleur, imitant la forme d'une longue vue avec son index et son pouce tandis que je m'attelais à la confection d'un collier de pâquerettes.

Nos batailles n'étaient plus égales. Abel était trop grand et trop fort. Je n'étais plus une adversaire à la hauteur. Il a pris une herbe large qu'il a placée entre ses paumes, puis il a sifflé et m'a lancé un regard radieux, ravi que cela fonctionne du premier coup. Il était beau, comme adulte subitement. Une femme qui l'aurait vu en cet instant ne se serait jamais doutée. Mon frère. Mon si petit frère. Il viendrait vivre chez nous plus tard, quand nos parents ne seraient plus.

Nous avons poursuivi notre promenade jusqu'au puits perdu dans le lacet de la route. « Donne-moi une pièce, Abel, et je te dirai ce que cache ce fameux puits. » Abel a fouillé ses poches et en a sorti des noyaux de cerises. « Ça marche aussi, Mallora ? » Je les ai observés en feignant l'embêtement. « Ils viennent de la même queue ?

– Pour sûr, a menti le petit diable.

– Donc c'est bon. Donne-les-moi que je les réchauffe. » Je les ai frottés et je l'ai fait souffler sur mes paumes. « Tu sais que lorsque les gens jettent des objets dans ce puits ils ne tombent pas dans l'eau, Abel. C'est un monde inversé qui existe sous sa surface, un monde où tout ce que l'on souhaite existe déjà. Quand tu jettes ta pièce ou ton noyau de cerise dedans, le souhait qui est sous la surface se réveille et il remonte peu à peu les rebords du puits, jusqu'à nous.

– Ça fait peur ton histoire, Mallora ! a crié Abel. Taistoi !

– Mais quel nigaud ! Pleurnichard ! Si tu souhaites de belles choses ce sont de belles choses qui sortent du puits. Fais un vœu, Abel, et jette ! »

Il a plissé les yeux très fort et a ouvert le poing.

Ploc.

« À ton tour Mallora. »

Reconstituant mentalement l'image de celui que j'aimais, j'ai tendu et ouvert la main.

Nul bruit.

Abel me regardait avec pitié, il a mis sa tête sur mon épaule : « Ton noyau est tombé dans la mousse. C'est pas grave, Mallora. Les vœux c'est pour les enfants. »

Mon noyau de cerise scrutait tranquillement le ciel depuis son promontoire douillet, nullement curieux du monde sous-marin de mes rêves.

Élise

Toutes ces morts du journal… Brrrr. Ce Bastien V. – le Mérou – dans la nature, et la presse qui fait ses choux gras sur le dos de ce qu'il y a de pire : la curiosité malsaine. C'est à croire qu'il va jamais s'arrêter, on en est à combien de feux ? Je sais même plus. Et nous, on suit ça, et on paie ! Les gens aiment être inquiétés. Ça leur rappelle qu'ils possèdent des choses à défendre. Enfin, je pensais que c'était ce qui faisait autant causer ce jour-là, un nouvel incendie.

J'étais en train de faire mes courses avec Abel, que ça amusait de m'accompagner depuis peu.

Ce grand enfant qui me dépasse de plusieurs têtes, c'est comme un garde pour ma royale personne ! « T'as sorti le milord », me dit souvent Geoffroi, avec son tablier gras et couvert de sang qui fait un gros effet sur Abel. « Tu sais ce que c'est qu'un milord, mon garçon ?

– Regarde, Abel, ce monsieur qui a jamais réussi une addition puisque ses sommes sont toujours au-dessus de ce qu'elles devraient être, il demande si tu comprends ce qu'il dit. » Il est gentil, Geoffroi, et il donne toujours comme pour se faire pardonner des petits dés de jambon blanc à Abel.

« Élise, dis, est-ce que tous ces gens sont là dehors quand nous on est dans la maison ?

– Non, mon Abel, ces gens-là n'existent que quand tu les vois », je le blaguais en essayant de nous faire une place dans la cohue.

Abel regorge de points de vue étranges et, souvent, j'y prends pas garde sur le moment mais ça me trotte dans la tête plus tard. Moi aussi j'ai parfois cette impression d'une farce et de jouer un rôle certains matins. Le rôle de la vie normale.

« Élise ? » Ça, c'est Clémentine la femme du crémier. « C'est vrai qu'à ce qu'on dit elle reste de plus en plus à sa fenêtre ?

– Et qu'est-ce que ça peut bien te faire, toi t'es pas qu'à la fenêtre mais aussi aux portes pour mieux écouter.

– Oh ce que t'es devenue susceptible ! Tu devrais pas oublier d'où tu viens Élise. Et que la bourgeoise je la connais mieux que toi vu que c'est moi qui la gardais dans le temps. Ton cousin, lui, on s'est bien chargé de lui rappeler d'où il venait. »

Et ça caquette, ça caquette.

« Tu es comme une vieille vache landaise. Depuis ton retour d'âge, qui date pas d'hier en plus, tu essaies d'encorner tous les plus heureux qu'toi. Moi, ça m'a peut-être changée de travailler chez les riches, mais toi, à regarder ce que le voisin a toujours de plus que toi, tu finiras aveugle, tiens ! » Et je passe son stand sans rien lui acheter pour aller sur celui du fils Durand qui vend des crottins de chèvre délicieux.

Ce matin-là, donc, le cancan du marché était tellement fort qu'on aurait cru à un essaim de mouches et j'ai demandé à Geoffroi ce qui se passait. « Élise, t'es bien la dernière à pas être au courant. C'est la mère Nadine... Un bain de sang. » La vieille carne avait au moins dans les quatre-vingts ans, mais c'était pas une mort naturelle, figurez-vous. La mère Nadine c'est un chien qui avait eu sa peau. Il l'avait suivie alors qu'elle rentrait de chez Geoffroi justement. Il aboyait fort devant sa porte, la faim le pressant, alors elle était ressortie lui filer un coup de canne pour qu'il s'arrête. C'était une aubaine pour elle les chiens des rues, car ils n'ont personne pour les défendre. À force de coups l'animal avait détalé et elle, elle était rentrée préparer son déjeuner. Elle avait acheté du bœuf et l'odeur sortait par la fenêtre ouverte. Ouverte qu'il pleuve ou qu'il vente pour mieux entendre ce qui se passait dehors. Même la nuit. Son voisin avait pour habitude de rosser sa moitié et ça, ça lui plaisait beaucoup. Elle en faisait le détail à certaines de son espèce. Elle racontait avec joie que sa voisine méritait que ça, vu que c'était une aguicheuse et qu'on verrait bien si avec l'œil poché elle continuerait de faire la belle. Ce jour-là, le voisin cognait fort et elle avait ouvert sa fenêtre plus grand que d'habitude. Puis elle avait dû entendre grogner, et vu le chien qu'elle avait chassé qui s'était faufilé par la fenêtre devant elle au milieu de sa cuisine. Pas de chance, sa canne porte-bonheur était restée dans l'entrée. Pour toute défense elle avait sa misérable cuillère en bois. La peur avait changé de camp et il s'était jeté sur elle. La dispute d'à côté avait couvert ses cris, sa jugulaire sectionnée lançant des jets en fontaine. Quand le cadavre roide de la mère Nadine avait été découvert, elle baignait dans son hémoglobine comme un lièvre au sang. Le chien lapait les derniers restes du plat : des champignons qui s'étaient glissés dans la rainure entre les deux seins énormes de feu la cuisinière. Il y faisait honneur. Les gendarmes avaient sorti le corps de la maison, le chien clôturant le défilé. Il sautait vers les badauds regroupés, pour obtenir des caresses. Paraît que le brigadier Bertrand avait l'air abasourdi de voir que c'était en direction du chien que les villageois se signaient. C'est pas un de chez nous, Bertrand, il comprend pas comment on pense. Il est du Nord…

Mallora est étrange en ce moment. Un jeune homme au village ? Mais qui ? Non ça ne colle pas… Elle, il y a peu si ombrageuse, du jour au lendemain d'une humeur délicieuse. Bon elle m'a toujours aidée, mais de là à sourire béatement quand je lui tends une botte de carottes à éplucher… Et en redemander. Elle part de plus en plus se promener seule, au grand désarroi d'Abel. J'aime pas ça. Ni de la voir partir fardée comme elle le fait.

Hier Mallora est venue me voir alors que j'étais déjà couchée. Elle s'est assise sur le lit. « Tu es belle, Élise comme ça. Avec tes cheveux lâchés on dirait presque une jeune femme. » C'est vrai que j'en ai des cheveux… Ils pèsent si lourd que le matin mon premier geste c'est de les enrouler sur eux-mêmes et d'enserrer le tout dans un foulard pour qu'ils ne dégringolent pas. Le soir, libérés, ils jaillissent et couvrent ma poitrine, bien qu'elle tombe bas, faute au temps. Ma mignonne veut qu'on aille chez la mercière. Elle a vu une robe qui lui plaît dans la vitrine. Elle dit que ça fait « si longtemps » qu'elle a pas eu de nouveaux vêtements que ses robes sont toutes « importables et élimées ». J'ai ri et je l'ai remerciée vu que c'est moi qui les reprise, ses affaires, mais devant son air embêté j'ai pas tenu longtemps : « Bien sûr ma chérie, on ira demain. À condition qu'elle ne soit pas trop chère cette robe, hein ! » Elle m'a passé les bras autour du cou. Ma petiote, si heureuse. L'avant-veille de la fête du village : j'avais donc raison de soupçonner quelque chose. Il y a bien un garçon derrière tout ça. Mais qui ? Je verrai ça. Elle avait bien droit à la joie et c'était de son âge. La Saint-Amadou c'est une trêve. Les forains apportent avec leurs attractions la paix du cœur. Faut bien en profiter, c'est qu'une fois l'an. Quand les forains commencent à ranger pour reprendre la route, on a tous le cœur dans les chaussures. Les départs, c'est terrible pour ceux qui restent…

On a été chercher la fameuse robe au village. La vieille mercière nous a bien reçues. Elle est presque aveugle, ses yeux sont devenus comme deux vitraux pâles avec le temps. Ça ajoute à la sérénité qui règne dans sa boutique. Je me demande comment elle fait pour continuer de coudre. Le toucher et l'habitude sûrement. Un sens compense l'autre.

« Mademoiselle voudrait certainement essayer la robe qui est en vitrine ? Rapportée par ma fille. Je suis sûre qu'elle va vous aller à merveille. » Quand Mallora est sortie de la retouche, c'était une femme qui se tenait devant moi. Non plus une adolescente, mais une femme… Elle avait sa taille fine et ses jambes menues, et la robe mettait bien en valeur sa gorge et ses hanches, qui s'étaient arrondies… Pour un choc… Une fois la robe empaquetée, j'ai dit, fière : « Madame Elvire, nous allons finalement aussi vous prendre un peu de lingerie supplémentaire ! »

Alors que nous sortions elle a tendu la main à Mallora, Mallora qui ne touchait plus terre tant elle était heureuse. Puis elle a dit : « Mademoiselle, saluez bien pour moi madame votre mère. Je l'aime beaucoup. »

En plus de sa nouvelle robe, Mallora a mis le collier de perles prêté par Madame. Nous avons un peu changé sa coiffure et j'ai délicatement ourlé ses lèvres avec du rouge. Magie. Ce soir personne ne resplendirait comme elle !

Quand Monsieur nous a vues sur le pas de la porte il n'en est pas revenu, lui non plus, de voir que sa fille était devenue une femme et qu'il ne s'en était pas rendu compte. Abel seul avait l'air de ne remarquer aucun changement, tout nerveux qu'il l'était à l'idée de rater le début des festivités. Tandis qu'on partait à la fête foraine, ça faisait une drôle de scène de voir Monsieur qui nous observait depuis la fenêtre du salon de musique et juste au-dessus Madame qui faisait la même chose de sa chambre. Puis ils se sont éloignés, comme engloutis par les entrailles de la maison, les vitres ne renvoyant plus que le ciel couleur braise qui se couchait.

Comme des lutins, les cuivres sautillants nous escortaient vers le village en cette nuit à la cape peinte de couleurs neuves. Les trompettes or, la toile blanche des tambours rouges, le feu des torches et le multicolore des lanternes et des crépons. La magie n'apparaît qu'une fois le jour disparu. Forains fils du mystère. Le vent transportait jusqu'à nous les rires et les odeurs. Même pas arrivés qu'on était déjà dans la danse.

Le lavoir. Derrière la fumée des cigarettes, un grappillon de jeunes filles parle aigre. Leurs ricanements fusent comme des pépins. L'une d'entre elles, une blonde, aboie en direction de son petit ami qui a ouvert la bouche d'admiration devant Mallora.

La place du village est bordée de stands. Au centre il y a des tables à nappes à carreaux pour boire et manger, et un chapiteau blanc. S'y trémoussent déjà des mères de famille et des enfants. Tout le monde a fait l'effort de s'habiller du mieux possible. J'aime ça.

Les forains ont vu les choses en grand. Leurs baraquements sont assaillis. Il y a des échoppes pour se faire tirer le portrait avec des clowns et des acrobates. Des stands de tir à la carabine, et d'électricité qui fait se dresser les cheveux sur les têtes. Il y a le magicien à la cape violette, dont les yeux sont plus pénétrants que les prédictions ! Il vieillit bien. Les demoiselles gazouillent en l'entendant augurer une proche fin des temps. Il y a un manège dont les montures en bois figurent différents animaux, au-dessus tournicote une poupée. « Oh ! Ah ! Je l'ai presque ! » fait un enfant qui essaie de se dresser le plus haut possible malgré le roulis du manège qui le désoriente. Un malin a eu l'idée de chevaucher la girafe pour coiffer les autres au poteau. « C'est de la triche ! » crient les mauvais perdants.

Un stand de barbe à papa irrigue la marche des promeneurs de ses volutes de sucre et les pommes d'amour collent aux dents déchaussées de vieux paysans hilares. Un crapaud bruni tente de m'en conter et me propose de me faire un portrait gratis.

« C'est pas demain la veille, je lui dis, j'ai déjà donné, tiens.

– Reviens, princesse, reviens ! »

Son haleine de tabac me poursuit dans l'allée bondée. Sursauts : des pétards. Jets d'eau, la pêche au canard.

Abel ne sait plus où donner de la tête. Il lui faut « tout faire ». Il remporte un ours géant et tire la langue à une poupée qui louche : « Brrr… On dirait la petite bigleuse du village. » La femme à barbe observe son postiche pileux dans un miroir en récitant : « Être ou ne pas être. » Son mari l'haltérophile semble si petit à côté d'elle qu'Abel et Mallora en rient à gorge déployée.

Noir, rouge, jaune, vert. Sur le chemin crème tout le monde salue la beauté de Mallora, jeune fleur de nos terres. Elle lance des regards en tous sens de sa nuque girouette, mais ils ne s'arrêtent sur aucun des garçons présents. « Attention mesdames et messieurs ! Le funambule Jacques-Émile et la femme caoutchouc Miss Pandora vont bientôt se produire, mais avant d'en prendre plein les yeux venez goûter au punch, venez goûter aux beignets frits ! » Crépitements de l'huile, bouchons qui sautent. *Zouip*, étoiles filantes gratuites ! Sucre qui colle, glace qui fond, mousses qui pèguent. Imperturbables sur la place, certains vieux poursuivent leur belote millénaire, indifférents au progrès. Les traits des adultes rajeunissent. Ceux des enfants, soucieux de gagner, vieillissent. Les notes de musique s'accrochent aux paletots, aux chaussettes. Les lignes des partitions se faufilent au travers de la nasse des silhouettes et en font trébucher certaines. Diable de rythme. Des sourires blancs dans la nuit noire. Des sourires blancs dans la nuit blanche.

« Du tonnerre cette attraction ! Sa jambe passe maintenant sous l'aisselle. Et ce n'est pas fini ! La nuque maintenant... Sous le mollet ! ! La femme caoutchouc, mesdames-messieurs, la grande Pandora, mesdames-messieurs. On applaudit la grande Miss Pandora ! ! »

« Des éclats de verre sous son fil, il n'a peur de rien ! C'est le funambule de l'extrême, mesdames-messieurs ! »

Une danseuse en tutu debout sur un cheval blanc, un âne gris en tutu, un tutu autour d'une oie dodelinant de son gros derrière. Les clowns et leurs numéros d'animaux font florès. Là, seul Abel ne rit pas.

Ça y est, le kiosque central est plein à craquer. Les amoureux tentent d'esquiver leurs chaperons. En un morse de battements de cils ils se donnent rendez-vous sur les sentiers pudiques qui jouxtent le cul de meules solitaires. Joues rouges. Afflux sanguins, épidermes qui se découvrent dans les odeurs de cidre. Paille dans les tifs. Un père ramène sa fille par le lobe de l'oreille : « Traînée ! » Elle a été prise en train de se bécoter avec le fils Frelou, ce « bon à rien ».

On prend place dans l'herbe. Abel mange sa barbe à papa comme s'il avait connu la disette, en en proposant de temps à autre à l'ours tricoté assis à côté. Il lèche ses doigts poisseux où sont collés des brins d'herbe, légumes de fortune, tandis que sa sœur lui pince le bras gratuitement. « Pauvre gourde, il hurle, tu te venges parce qu'il est même pas venu te voir ce soir ! Avec ta robe couleur citrouille tu n'as vraiment pas l'air fin. C'est pas en princesse que tu vas être transformée, toi, mais en purée. » Mallora devient cramoisie. Ils n'ont plus l'âge pour se chamailler ainsi et je les menace de rentrer avant que le feu d'artifice ne soit tiré.

Le roulement de tambour signifiant le début du spectacle se fait enfin entendre. Les yeux sont braqués vers le haut. Ça y est ! Les coloris teintent les visages, le ciel noir est illuminé de bouquets. Quand : un cri, lointain. Oui, c'est bien un cri qui se rapproche. Que se passe-t-il ? Une silhouette boiteuse ? Oui... Elle court au travers du champ. Sur son chemin, les spectateurs assis se lèvent, s'agitent, prennent la direction du village. Mais qu'est-ce qui se passe à la fin ? La rumeur nous parvient : « le feu ». Le feu !! Mais oui, il y a de la fumée au loin. Un incendie au village. Mon Dieu... Devant nous, enfin, Justin plié en deux par sa course, il tente de reprendre son souffle à chacun de ses mots. « Élise... Élise... C'est... la maison d'Esther... La maison d'Esther est en feu ! »

Les yeux d'Abel et de Mallora sont soudainement si grands qu'ils semblent dissous dans la nuit qui scintille comme si elle souriait.

Armand

Ma fille est d'une délicatesse merveilleuse. Elle approche l'âge où j'ai rencontré sa mère. De dos aussi, la ressemblance avec Esther est stupéfiante. Cette démarche…

Je me rends à la cuisine. J'y grignote un bout de tarte en regardant les assiettes peintes qui décorent les murs. Sur l'une d'elles, de jeunes paysans sautent au-dessus d'un feu. La Saint-Jean ! C'est ma préférée. Il y a aussi celle des vendangeurs. Elle est drôle car une femme y écrasant une grappe semble sur le point de s'étaler les quatre fers en l'air. Je balaie de ma chaussure les miettes tombées… Élise est une sacrée cuisinière. Cette tarte… Bénédiction que cette Élise ! Je vais pour soulever le torchon qui couvre la pâtisserie pour me resservir, quand je suis arrêté par une pensée : Esther a-t-elle goûté la tarte ? Elle qui aime tant la rhubarbe… Par réflexe je lève les yeux au plafond. Mieux vaut lui laisser cette deuxième part en fin de compte. Elle a maigri dernièrement je crois. En allant à la messe, dimanche, je palperai délicatement son bras au travers du tissu pour vérifier cela. Ses poignets aussi, je regarderai, l'interstice entre la manche et le gant, et l'os de la mâchoire. Mon Esther. Si intransigeante et si fière. Enfant gâtée et têtue. Toujours. Tu as attendu des choses de moi que je n'ai pas su deviner. Tu étais trop orgueilleuse pour me les dire. Nous ne sommes pas du même bois, nous n'avons pas le même tempérament. Je suis peiné à l'idée que la vie que je t'ai offerte, celle que nous avons partagée, ne t'ait pas suffi. Ah, que t'a-t-il manqué ? Nous étions si bien pourtant. Nous avions tout. Que ferais-tu si tu pouvais tout recommencer ?

J'ai vu que des cheveux blancs désormais se mêlent à tes mèches. Dans l'angle de ton chapeau j'ai vu les rides qui pleurent comme un soleil autour de tes yeux. Les légères virgules à la commissure de tes lèvres aussi. Quand je sens tes doigts aimés dans le creux de mon bras, je suis fier de marcher à tes côtés. J'attends ton pas le matin en scrutant le haut portail et je me prends à rêver que nous recommençons tout. Il n'y aurait pas Abel et Mallora. Il n'y aurait pas cette faute que j'ai commise. Il n'y aurait pas cette colère et l'impression que j'avais de ne jamais être assez… à la hauteur. Ni ma faiblesse, ni ta dureté.

Tu me manques. Je vais aller regarder nos photos. Nous y sommes ce que nous sommes vraiment et non ces ombres actuelles. Dessus, tu me regardes, Esther.

Une impression, je lève les yeux : n'y a-t-il pas une silhouette dans le champ de Justin ? Si, ce doit être un villageois en retard pour les festivités. Justin. Sacré Justin. Bon Justin. Tu t'occupes de mon fils et tu n'es rustre que d'aspect.

Esther… Crois-tu, Esther, que je ne sais pas que tu as pleuré quand l'épouvantail a brûlé ? Crois-tu que ce soit pour lui seul que Justin l'habillait ? Il savait que tu le voyais de ta fenêtre.

Tu me souris dans le cadre d'argent posé sur mon bureau. Tout cela n'a pas d'importance.

Avant, le noble avait son utilité dans un village. Qui sommes-nous désormais ? Qu'apportons-nous ? Les temps changent. C'est exactement comme pour le cochon. Les *saigneurs* de cette terre quand je t'ai rencontrée, c'étaient les Durand. On s'habillait de blanc lors de cette occasion, m'as-tu appris. L'horizon parfaitement horizontal, la lumière glissait sur les lames aiguisées. Les marmites recueillaient le fluide épais. Une pincée de sel. Les fumées montaient. Je me souviens, le sang imbibe la terre et la paille, tu t'agenouilles et avec tu te fais deux blessures de guerre sur les joues. Une pour toi, une pour moi.

Des craquements. Le bureau est envahi par la fumée. Je tousse. La maison gémit dans la poigne monstrueuse d'un dieu qui hurle vengeance. Les craquements, partout, comme des rats. Les ombres cachées dans la bâtisse se mêlent aux flammes. Le couloir qui mène à l'escalier semble être un chemin de ronde infernal. Le manque d'air pèse déjà sur mon esprit, sur mes poumons. Vite, faire vite. Armand, réfléchis, vite ! Je prends un drap dont je me recouvre après l'avoir mouillé au bidet. Les flammes sont partout, danseuses folles, hystériques, elles ondoient, se roulent par terre, se saisissent des abat-jour, grimpent sur les rideaux, escaladent la rampe. Furies, elles ont fait leur miel du tapis de l'escalier, elles le piquent de leurs fourches. Je sais que nous ne pourrons pas redescendre. La poignée de ta chambre est chauffée à blanc.

Derrière la porte, tu es là. Près de la fenêtre. Tu as peur, comme une enfant, tes yeux sont écarquillés. Mais tu me vois. Un vacarme. Le plancher tangue. Est-ce possible ? Qu'importe. Je te rejoins et nous nous regardons, enfin. Tu mets tes bras autour de ma nuque.

Puis tu me prends la main et tu m'entraînes vers le lit. Allongée contre moi tu places ma main sur ton ventre, comme tu le faisais il y a bien longtemps. La première salve du feu d'artifice illumine le ciel. Au travers de la fenêtre la couleur pénètre la fossette sur ton profil. Tu souris.

Plus rien d'autre n'a d'importance.

Le brigadier Bertrand

Trois morts non naturelles en à peine quelques semaines et plus de fossoyeur, trépassé, lui aussi ! Ironique. Pour un village tranquille... Un chien des rues qui dévore une vieille, la maison de maître du village qui flambe avec les propriétaires. Reste l'église et on aura fait le tour des atrocités.

Quelques locaux ont l'air affligés, d'autres indifférents, mais tous se signent en passant devant ce qu'il reste de la bâtisse. Superstition, oui. Il faut dire que les riches ne s'attirent jamais une franche sympathie et cela même s'ils font grossir la bourse globale du cru... L'ingratitude est un droit inaliénable !

Ce fichu rapport de Verdon, je ne donne pas cher de son avenir. L'essentiel embourbé dans des détails inutiles. Les délires de l'adolescente de la maison qui s'accuse... Les superstitions de la bonne... « On a trouvé une échelle dans le champ devant la maison », vient m'emmerder Verdon avec son air de limier de pacotille. Qu'est-ce que j'en ai à fiche de son échelle ? « Et une bêche, Verdon ? Non ? Pas de bêche dans le champ, Verdon ? » Il n'a pas saisi.

Aucun esprit de synthèse… La gendarmerie n'est plus ce qu'elle était. Faire clair, concis. Les faits ! Incendie : accidentel. Source : une bougie – selon toute vraisemblance. Résultat des courses : deux morts. Cause première : asphyxie.

Voilà.

Bon Dieu ce que je transpire… Fichu climat ! Heureusement, si tout se déroule comme prévu, bientôt, très bientôt… C'est que ma femme est par son père proche du préfet ! Puis je l'ai bien méritée cette promotion, c'est indiqué sur la lettre : une carrière exemplaire. Ah ! La Picardie, le Nord ! Anne y a une petite propriété familiale. Suffisamment d'hectares pour un cheval, puis deux, puis peut-être trois ! Et pourquoi pas… quatre ?

Abel

Justin boit un peu moins parce qu'il y a beaucoup de décès au village. « Si ça continue ainsi et que le Seigneur vient pas me prendre, j'vais finir abstinent. » Ses blagues ne tiennent pas, je sais qu'il se sent esseulé, Justin. La preuve, depuis peu il vient même à l'église pour « réengager la discussion avec le Seigneur » : « Esther, Armand, Nicolas, même mon chien, t'es venu le chercher. C'est une vengeance personnelle, ce suspense de *qui sera le prochain*, c'est ça ? » Il casse les oreilles au père Edmond, Justin. Il vieillit, le père Edmond, et le soir quand il se met à table, je vois bien qu'il est exténué. Élise lui sert la soupe, le jet coule en fumant de la louche à l'assiette. Et si elle est rouge alors, Élise, c'est pas à cause de la fumée, non, c'est qu'elle sait que son cousin est en train d'avoir la peau de notre logeur. Elle se signe et elle pique des yeux dans l'assiette. « Justin, tout de même… », pense-t-elle.

Le matin, dix heures, et le père Edmond entend déjà le pas claudicant de Justin qui entre dans l'église. Il célèbre la messe malgré cette silhouette furibarde aux bras croisés qui hausse les épaules à chaque parole qu'il prononce. Puis qui va se coller au confessionnal en attendant que tout le monde s'en soit « allé dans la paix du Seigneur ». Tous les jours Justin vient se confesser au père Edmond. Ils ont le même âge et semblent un peu comme des camarades de jeu dont l'un subirait l'autre. Moi je suis certain que quand le père Edmond joint les mains avant les repas il demande en fait au Seigneur de venir le chercher, lui. Et non pas Justin.

Il n'en peut plus des : « Je suis là, mais bien malgré moi. J'en crois pas un mot. Ah et je devrais le remercier ? C'est lui qui doit me pardonner ?! Vous plaisantez j'espère ! » Le père Edmond, quand il sort du confessionnal c'est comme s'il allait s'envoler. Il sera si soulagé le jour où ça arrivera que des jets d'urine nous tomberont sur la tête tandis qu'il s'élèvera. Si la mort est farceuse elle fera mourir Justin le même jour. Faudra au père Edmond une paire d'ailes de compétition pour le distancer.

Faut jamais dire jamais. La preuve. Justin n'aimait pas le père Edmond au début. Mais ça lui a donné un but, de venir l'emmerder. Il pinaille sur la transsubstantiation (« un chat est un chat »), sur l'hostie (« du pain raté, quoi »), sur la résurrection (« sans moi hein ! »).

Justin va voir le père Edmond alors que lui-même n'aimait pas que ma mère le voie. Je me rappelle ce qu'il disait sur lui : « Ah, il en a du souci pour l'humanité vu sa bedaine, le père Edmond. Quelle planque ! Le coup du confident pour approcher les belles femmes oui ! Faut pas être cortiqué pour croire que Dieu parle par sa bouche.

– Moi non plus je suis pas cortiqué, Justin, je lui répondais alors.

– Qui c'est qui t'a mis cette idée saugrenue en tête,

Abel ? Que j'en prenne un à te dire ça et il verra de quel bois je me chauffe ! »

Je vis au presbytère avec Élise depuis… une éternité. Ma chambre est une minuscule chambre aux murs bleus. La fenêtre, courbaturée, laisse filtrer l'odeur du temps dehors. De vieux journaux sont disposés en dessous en cas de grosses pluies. Sous mon oreiller j'ai un bout de miroir que j'ai chipé dans l'entrée de ma maison après l'incendie. On m'a dit que les miroirs permettent de voir le diable et les fantômes qui se cachent dans les pièces alors, le soir, je regarde par le biais de ce morceau de glace pour être sûr d'être seul quand la porte est fermée à clef. J'ai peur, je ne suis pas chez moi malgré tout.

Durant le jour j'oriente les rayons du soleil sur les nids perchés sur les branches des arbres. J'ai le droit de vie et de mort sur la pie et ses oisillons. Qu'elle fasse attention à ne pas venir voler ce qui scintille chez nous, sinon !…

J'ai toujours aimé l'effet que me font les flammes. Elles m'apaisent et me bercent. Quand un feu se déclare quelque part, Élise achète le journal, puis elle me le donne et je l'ajoute à la collection. Quand un feu, aussi petit qu'il soit, prend vie, c'est comme si enfin ce qui devait advenir était advenu. Ce que je veux dire c'est que le feu donne un sens à ce qui n'en avait pas et qui attendait. Le couvent de Pamiers par exemple ! Dans un vieux numéro, cet incendie. Eh bien les photos, toutes jaunies qu'elles sont, parlent d'elles-mêmes. Les carmélites semblent voler en une grande danse autour du bâtiment. C'est sûr que c'était inscrit cette affaire. Avant, que faisaient-elles ? Elles attendaient, toutes en rang d'oignons sur leurs lits. Le dortoir, le réfectoire… Les offices… Là sur la photo entre mes mains tout prend sens et surtout le visage de l'une d'elles, photographié de près. C'était une pietà, c'est Marie après la mise au tombeau. Toute la vie de cette sœur attendait cet instant, cet incendie, pour que son visage incarne aussi parfaitement la désolation et la tristesse. C'est pour cette légère inclinaison de la tête, ce regard perdu au loin, cette larme sur le cliché que, petite, elle était sans le savoir entrée dans les ordres. Ce bonhomme qu'ils recherchaient dans la région, le Mérou, eh ben je suis sûr que s'il faisait ça c'est parce qu'il avait été créé pour faire du beau. Souvent, on juge durement les autres, mais faut pas oublier que leurs défauts c'est un peu des nôtres qu'ils portent en plus.

Dieu peut nous créer pour un rire, pour une larme versée. Il a tous les droits parce que les enchaînements sont siens. Nous sommes les étoiles d'une constellation plus large.

Ma maison, le feu. La maison dans laquelle je suis né. Moi je sais bien que c'était dans l'ordre des choses que cela se passe. Que c'était pas un accident. Le feu couve derrière tout ce qui existe, il attend juste son heure, et il assaille. Après, ce qu'il a approché reste gravé dans les mémoires. Pour toujours.

J'entrepose les coupures de *La Dépêche* sur les incendies dans une boîte sous mon lit. C'est Justin qui m'a expliqué que les choses importantes se gardent à cet endroit.

Dans ma boîte j'ai aussi une photographie d'Élise qu'elle m'a donnée. J'ai longuement bataillé parce que Élise n'aime pas ce à quoi elle ressemble sur cette photo. « Raison de plus pour t'en débarrasser ! » je lui ai dit. Ça a marché ! C'est une ancienne Élise dessus. Elle semble plus grande. Elle semble surprise aussi. Émotion que je ne lui connais pas. Je n'ai pas osé le lui dire mais je trouve que cette photo ne l'avantage pas du tout. C'est pour avoir une trace d'elle que je la garde, mais on voit que ce n'est pas encore Élise dessus. C'est une esquisse de ce qu'elle va être, avec un je-ne-sais-quoi de… canin.

Je garde des fourmis, que j'observe dans une boîte ovoïdale. Je les mets aussi sur le bout du miroir quand je veux avoir l'impression d'en avoir plus. Les fourmis sont-elles trop petites pour avoir une âme ?

Je me regarde et je m'observe. Je ressemble à quelqu'un de normal. Je suis brun comme une cheminée et j'ai des poils qui apparaissent durant la nuit. Ils profitent de ce que je sois dans les monts d'ailleurs pour sortir. Ils colonisent mes joues, mon menton et grimpent haut jusqu'aux pommettes. Je les fais disparaître depuis des années maintenant, et depuis des années ils reviennent. C'est une lutte, aucun des deux camps ne veut abandonner la partie.

Mon corps n'a pas accepté que je ne grandisse plus. Je suis un être double. Enfant dedans, adulte dehors. Je peux espionner plus à mon aise, c'est bien comme ça. Un jour tous mes poils tomberont, cela fera un petit tas et je partirai, nu, dans le soleil.

J'ai un grain de beauté sous l'œil gauche, comme mon père. Faut savoir que la gauche c'est toute une histoire. Ma main par exemple, c'est la gauche qui venait toujours en premier avant l'autre. Ça n'a pas du tout plu au curé et à ma mère, cette affaire. Paraît-il que c'était grave, que c'était la main de la tromperie et de l'hypocrisie alors que l'autre c'était la bonne, celle de la charité. Ce qui était acquis par la gauche était souillé, alors on me l'a bandée en écharpe pour que je sois obligé de tout faire avec l'autre. Je comprenais les estropiés. Ceux qui étaient revenus de la guerre. C'était serré et j'étais malhabile. Pour dormir c'était pas simple non plus comme je dormais justement de ce côté-ci, j'ai dû m'adapter, m'habituer à me mettre sur le dos, ce qui me faisait avoir l'impression d'attendre désespérément le sommeil sans avoir rien à faire. J'étais angoissé et je me réveillais en sueur. Ces nuits de calvaire, puis le lendemain à devoir manger sans s'en mettre dessus, apprendre à écrire de l'autre main. Mes dessins ne ressemblaient plus à rien. Je pleurais devant mes pommiers tremblotants que j'arrivais si bien à tracer avant.

Je me rappelle un jour où j'ai essayé de desserrer le bandage. Misère ce que j'ai pris ! J'ai eu droit au cellier pendant toute une après-midi.

Le cellier était horrible. C'était la pire pièce de la maison. Je sais que l'esprit des morts du cimetière s'y faufilait sournoisement. J'ai bien prié pour que Dieu élimine cet endroit de la surface de la Terre. C'était trop dur. C'était comme d'être enterré vivant dans une crypte, même le verre n'y tintait plus. Les pas de la maison s'y étouffaient et se mêlaient à des bruits étranges. Aucun air, aucun vent, comme dans une cellule, à cause du poids de ces âmes mortes qui s'y déplaçaient. Imaginez, y avait même pas de poussière dans le cellier. Ça veut tout dire… Ma sœur, quand j'y étais enfermé, venait derrière la porte et grattait de son ongle pour me rassurer. « Abel, n'aie pas peur, je suis là. Abel mon petit frère chéri c'est moi. Je suis à côté de toi. » Elle dit « mon *petit* frère », Mallora, parce qu'elle m'aime et qu'elle prend soin de moi. On a le même âge depuis qu'on est nés, Mallora et moi, mais elle, elle accepte de continuer de grandir.

J'aime à me dire qu'on se ressemble car ma sœur est belle et bonne. Si belle et bonne que ma mère et le père Edmond disaient qu'elle ferait une bonne épouse pour le Seigneur, chose qui la faisait bien rire. Le père Edmond continue d'avoir cette conviction pour deux maintenant.

Il en a déjà beaucoup des épouses le Seigneur, ça doit être quelque chose le soir durant le dîner. Ça doit être épuisant oui... C'est vrai que Mallora y mettrait de l'ordre. Puis maintenant qu'elle ne croit plus au prince charmant, après tout... Elle n'aurait pas à travailler.

Mallora a des cheveux châtains, fins et brillants, magnifiques, qu'elle tresse jusqu'au bassin. Elle ressemble à une biche avec ses yeux étirés aux cils longs et droits qu'elle ne maquille plus. Quand elle baisse le visage, ses prunelles disparaissent derrière comme si c'étaient les barreaux d'une geôle. Ses doigts sont comme du papier à musique, et elle semble faite d'un seul coup de scalpel dans l'espace tant sa silhouette est longue et allongée, rien qui heurte l'horizon. Mallora est svelte et blanche et douce comme un bouleau, mais son arbre préféré c'est l'if, l'arbre qui veille sur les morts. Mallora est un if et elle a de quoi faire. Elle les aime les morts ma sœur. Elle s'occupe d'eux depuis que la guerre a commencé, enfin de ceux qui vont vers *elle*, mais ça fait longtemps, beaucoup plus longtemps, qu'elle a ce penchant pour eux.

Elle dit que la relation avec les morts est gratuite, et que c'est rare. Elle dit qu'ils sont en paix et sereins mais qu'il faut prononcer leurs noms régulièrement pour qu'ils ne disparaissent pas des mémoires, quand elle va entretenir nos tombes avec Élise, tandis que je les accompagne, sur leurs talons comme un boy, les bras chargés de fleurs et de l'arrosoir. Je dépose ce tas de pétales, ça voltige et j'éternue. « Chut, Abel. » C'est pas un endroit où faire l'intéressant, alors je m'assieds sur mes talons et j'attends en pensant à Hans qui lui aussi est mort mais à qui on n'offre pas ces fleurs du souvenir. Élise et Mallora murmurent les noms et, avec leurs prières, c'est comme si ça soupirait de partout dans le cimetière. Comme si un souffle d'apaisement et de reconnaissance se faisait entendre tandis que je regarde les oiseaux dans le ciel en me demandant si, à eux aussi, Hans leur manque et s'ils parlaient vraiment ensemble.

Élise et Mallora sont toutes les deux là, devant la tombe de mes parents, mais pas vraiment. Elles flottent dans la pensée des autres et je dois les garder avec moi coûte que coûte, alors je leur tire les bras, les jambes, je m'accroche à leurs chevilles. « Ça suffit, Abel, tu es vraiment insupportable quand tu t'y mets ! »

J'ai un trop-plein d'énergie, ce n'est pas facile, je le sais. Le matin par exemple, quand je me lève, j'ai pensé à mille choses durant la nuit. Je suis comme une besace bourrée d'idées et je crie chacune d'entre elles en dévalant l'escalier. C'est une cascade de paroles, tellement que je pourrais tomber, chose qui ferait bien plaisir à la baudroie, ce monstre couleur bois qui se cache sous l'escalier des maisons pour effrayer les enfants. La baudroie est forte, elle se camoufle comme un caméléon depuis qu'elle a décidé de venir vivre sur la terre ferme. Elle glisse, rampant sur l'herbe. Elle pénètre par les portes mal fermées et se dissimule dans l'ombre. Les enfants voient et entendent les bruits, ce que les sens émoussés des adultes ne perçoivent plus. Là ! Sous l'escalier ! Entre les marches !

Chaque escalier a sa baudroie et chacune diffère un peu, selon la couleur et la matière de l'escalier. Elles se perfectionnent. La baudroie du presbytère n'a par exemple rien à voir avec celle de ma maison. Celle du presbytère a pris l'aspect du marbre. On dirait qu'elle se fissure et des veines bleues lui apparaissent quand elle tend les muscles de ses joues pour se rendre effrayante. Celle de chez mes parents faisait grincer l'escalier, elle avait pris le rouge du tapis pour tromper les regards ennemis.

Quand je descends l'escalier du presbytère, la rampe dans le creux de ma main, il y a une horloge en bas des marches. Cette horloge est grande et sombre comme un mage et ce n'est pas pour rien. Elle est magique pour qui sait s'y prendre. Si l'on remonte, face à elle, consciencieusement, chaque marche de l'escalier à chaque « dong », on remonte également le cours du temps. De son temps à soi. *Dong !* Un pas en arrière, immobilisation. *Dong !* Un pas en arrière, nouvelle marche. Immobilisation. L'aiguille qui ressemble à une petite cuillère en métal ouvragé commence alors sa révolution arrière. *Tikitikitik. Dong.* Encore un pas en arrière. L'autre aiguille, la grande, suit dans le sens inverse elle aussi. *Tikitakitikitak. Dong.* Les poils repoussent et disparaissent sur mes joues, mes vêtements rapetissent, mes mollets, mes bras. Par la fenêtre le ciel défile, nuit, jour, pluie, soleil, les chants du coq se désarticulent, *Cocorico*, *coricoco*, *coirococ*, *COIROCOC*, *COIA-A-A-AR*.

Tsim tsum.

L'univers déployé se rétracte, les maisons grincent en s'étirant vers le haut. La manivelle du temps remonte. Les rides d'Élise s'envolent, pas toutes, d'abord celles autour de sa bouche. Ses mains touchent le plafond, et au-dessus les crevasses sur ses paumes sont avalées par le carrelage, je vois par la fenêtre la terre se réhumidifier. Mallora descend l'escalier, non elle remonte l'escalier. C'est dimanche, ses rubans volettent dans ses cheveux en apesanteur, puis comme des fleurs qui se ferment. Les pots de confitures se remplissent. Les couvercles avalent le *poc* d'ouverture. Mes parents ! Mais, je vois flou ? *Dong !* Oh ! NON ! Stop ! Je dois redescendre une, puis deux marches, mes parents ne m'ont pas fabriqué et je vole encore au-dessus de leurs têtes. Je m'accroche à l'escalier. Aaaah… Quel effort ! La marche d'en dessous. Je suis en eux, dans leurs pores, leur chaleur, je suis dans les deux à la fois. Ils sont sur un lit, il l'embrasse dans le creux du cou, elle rit. Non ! Ça ne m'intéresse pas. On n'a pas à connaître ses parents et leurs secrets de quand ils n'étaient pas parents. C'est à eux. Ils nous ont suffisamment donné pour qu'on ne leur prenne pas leur jeunesse en plus. Une marche plus bas, encore une marche plus bas.

Ça y est ! J'y suis. La meilleure période de ma vie. Je suis dans l'escalier de ma maison. Élise ? Oui ! Élise est arrivée chez nous je le sais. Stop !

Là, la technique, c'est de sauter du haut de la marche où l'on est, au-dessus des marches qu'on a remontées. Je saute jusque devant l'horloge, et cela au risque de me rompre le cou, pour stabiliser le temps sur cette période et que plus rien ne bouge. Mais attention, l'escalier du temps ne s'arrête pas éternellement, alors je me rue dans le souvenir, dans son instant.

Je perce la membrane élastique. Je suis dedans ! J'y suis ! Des rires !

Mallora est dans la cuisine. Elle est pleine de couleurs et ses yeux sont pétillants. Ses yeux sont encore des nôtres. Elle n'a pas cette tristesse que je lui connais depuis l'incendie. Elle fait le petit déjeuner car Élise est déjà au potager, elle rit encore, de me voir bondir en tous sens. Elle est heureuse. « Abel, Abel, calme-toi, voyons. Abel chéri, voyons. Je prépare le petit déjeuner pour papa et maman. » Elle rit. « Abel, couvre-toi, tu n'as plus l'âge d'être ainsi débraillé, il fait froid aujourd'hui. Tu ne t'es même pas peigné, Abel. » J'ai envie de pleurer, de joie et de soulagement. La porte de la salle de bain se referme à l'étage, un bruit de pas. Ma mère est de retour dans ses appartements. Je file par le grand salon jusqu'au salon de musique, oui, tout est bien en place. Mon père grignote au garde-à-vous devant la fenêtre, l'oreille aux aguets. Mallora met dans un petit vase en porcelaine une fleur qu'elle a cueillie le matin même, elle dépose le pain, la confiture, le lait sur le plateau et elle monte avec moi jusqu'à la chambre de ma mère. La porte d'entrée claque. C'est Élise qui rentre, son panier déborde de légumes. Ses joues sont fraîches quand elle m'embrasse. « Me touche pas avec tes mains glacées, Élise, je t'en prie, j'en mourrai ! » Je dis cela comme à l'époque. Et comme je suis le seul à savoir que tout cela s'est déjà produit, je perfectionne ma spontanéité. L'instant doit exister, comme avant, pour toujours. Elle rit, Élise, et elle s'épluche de toutes les couches qu'elle a mises pour ne pas attraper froid. « Mes jambes, les enfants, mes jambes grincent. Il faudra qu'on aille chercher du bois après le déjeuner. » Et elle commence à peler, à découper, à épousseter. J'aime les mains d'Élise. Elles sont réconfortantes. J'aime surtout le bruit de sa paume sur la table de la cuisine, qui ratisse les miettes comme si c'était des graines qu'elle jette dans la gueule de la cheminée pour nourrir le feu du foyer. Les mains d'Élise sont polies comme celles d'un rameur, elles sont parfaites pour caresser le dos. Je découvre mon omoplate. Je suis un chat sans poil. Je ronronne. Le père Edmond n'est pas là à dire qu'il faut que j'agisse en adulte. Je suis chez moi et les mains qui me caressent le dos chantent la vie, les légumes, le sang, le labeur, les bleuets, les orties. Elles sont lisses comme des rames, de toutes ces caresses faites à la matière. L'eau, le venin, les tiges, les épines, les orties. Ce sont des mains de terre ça, des mains de glaise, de sucs, des mains qui puisent l'eau pour rassasier, qui se tachent de groseilles. Qui jettent de l'eau sur les bûches. La fumée, la magie. Il mange sans cesse, le feu, il avale, il engloutit : les coupures des journaux, les pelures, les brindilles, les bûches. Seul le tisonnier lui résiste. Il lui met des coups d'épée au travers, au tout premier feu de l'histoire des hommes, cet orgueilleux ! Je monte de nouveau voir ma mère, son petit déjeuner est sur la table en demi-lune à côté de sa fenêtre. Son odeur, son parfum, sa boîte précieuse. Ma mère, son chignon. Mon père mange debout, son oreille en dessous de nous perce le sol. Son oreille est à côté de nous, à nos pieds maintenant, elle a fendu le parquet et le tapis. L'escalier du temps fait tout revivre et j'entends ses dents restées en bas qui croquent ce qu'il a dérobé à Élise dans la cuisine. Une pomme.

Ma mère mangeait assise et mon père mangeait debout. C'est vrai.

Je veux passer du temps avec mon père. Papa. Allez, hop, dans ses quartiers. Je redescends l'escalier. Ça me fatigue qu'ils ne soient jamais dans la même pièce, je vais finir avec des jambes musclées comme des jambons.

Les quartiers de mon père, c'est un groupement de petites pièces où il a tout ce qu'il lui faut. La chambre de mon père était contiguë à son bureau et son bureau était accolé à sa salle de bain : baignoire sabot, bidet, lavabo. Une miniature de pièces cette affaire. Une suite pour poupée, mais il ne perdait pas le nord, depuis cet îlot il entendait la cuillère qui tintait pour signifier que le petit déjeuner était prêt.

Plus d'imparfait, je suis dans mon souvenir, dans ma maison. J'y suis. Plus d'imparfait, le présent ! L'incendie n'existe pas. C'est l'incendie qui est un mensonge, et je le froisse et le jette lui-même au feu. Il est neuf heures dans la maison de mes parents, j'ai tous les droits. *Clic, clac*, la clef navigue dans la serrure. Mon père sort du bureau avec de telles enjambées que c'est comme s'il courait déjà à l'intérieur de la pièce. Il a sur le dos son veston que j'aime, en velours, sa montre à gousset dans la poche et son odeur de Cologne. Il est rasé de près. Le bruit de ses talons se rapproche. Il entre dans la cuisine, nous caresse la tête à moi et à ma sœur. Il baise la main de bois d'Élise avec un petit salut militaire et le voilà reparti avec son toast saisi au vol, en direction de la fenêtre du salon de musique. Tandis qu'il fait sa sentinelle, moi je me bâfre. Je ris de tout ce que je vais engloutir, ce que je ne peux plus faire au presbytère, où on compte tout. Je ris de ce pied de nez au père Edmond. Hahaha ! C'est mon repas préféré le petit déjeuner. J'ai une passion pour le sucre. Ma tartine devient si lourde de confiture que j'ai du mal à la monter à ma bouche sans qu'elle ne rompe. J'engloutis le tout en une fois pour que ça ne se sache pas. « Tu manges trop vite, Abel, me dit Mallora. Tu vas finir par t'étouffer et on devra te cuire pour profiter de toute cette farce sucrée que tu n'as pas pris le temps de déguster. » Elle en a de bonnes ma sœur et des yeux dans le dos, ce qui est pénible. Ce n'est pas une blague : chacune de ses omoplates s'orne d'un grain de beauté symétrique à l'autre et c'est sûr qu'ils voient au travers du tissu qui couvre son dos. Ça me glace, je ne suis jamais vraiment tranquille avec cette affaire. Et ça, même dans mes souvenirs. Alors j'engloutis, je tire la langue et je pars saluer mon ami Hans dans le champ de Justin.

L'armoire du bureau de mon père regorge de choses étranges. Dedans : des albums photo, sans poussière dessus car il les observe longtemps et régulièrement à la loupe. Des photos de tortues figées, un portrait de son chien, qui est mort avant que je naisse et qui était un berger allemand qu'il a dû abattre parce qu'il avait mordu un homme au village et s'était habitué au goût du sang. Il y a une collection de timbres. Ce sont des timbres de ses correspondances d'avant. Des amis qu'ils avaient ma mère et lui, qu'ils s'étaient faits en Grèce, en Italie. Les couleurs ne sont pas les mêmes sur ces vieilles lettres ficelées, comme des accordéons dans l'armoire. De ses connaissances, il ne reste plus que ces preuves. Le temps dévore, jaunit le papier, il mord, il retire, il espace les accolades, détricote les anecdotes. Le temps déchire. Dans l'armoire sans fond qui traverse les âges de la vie de mon père, il y a de vieilles pièces que je trouve ternes mais qui sont chères à son cœur. C'est son père qui les lui a offertes, elles font comme la lumière du jour, du fond de leur fond, c'est son tunnel vers ses jeunes années. On dirait qu'il s'y jette, qu'il va tomber dedans quand il s'en saisit. Mais non ! Je le retiens par le pantalon. Ce sont mes instants, à moi, que je veux revivre. Et c'est son aube à lui, qu'il cherche à atteindre.

Je me penche, ces pièces sont tout là-bas derrière les colonnades des courriers. Son armoire fait comme un retable d'église quand elle est ouverte, avec ses deux portes de bois sombre. Elle lui a été donnée pour son mariage avec ma mère et un cœur y est gravé dans le bois. C'est ça ! Cette armoire, c'est son cœur ouvert à la vue de tous. Tabernacle. Les battements ce sont ces boîtes à musique et les pansements ces mouchoirs en tissu. Il a vécu ici, et mangé et dormi. Des objets en argent datent de ses noces. Un sucrier, un service pour le poisson. Des nappes jaunies et dentelées. Dans ses albums qu'il regarde les pages des photos qui le représentent en marié aux côtés de ma mère sont abîmées et cornées. Il regarde des photos de ma mère qui ne ressemble pas à ma mère. Elle est là et elle sourit à la personne qui regarde. Elle est jeune et ses yeux sont différents de maintenant. Ils regardent droit dans les yeux. Mon père passe son doigt dessus comme s'il la touchait. Puis il referme l'album. Avec une attention telle qu'on dirait que l'objet est en cristal. Mon père a aussi le cadre argenté qui se ferme, posé sur le coin de son bureau comme une tombe endormie et dont Mallora a hérité après l'incendie. Un porte-documents en cuir, un buvard que j'aime le voir passer sur son écriture qui oscille entre rondeur et allant. Ses « l » et des « t » font comme le pic de certaines montagnes tant ils sont hauts. La végétation des autres lettres pousse douillettement à leur ombre, trèfles mélangés.

Je suis très sensible aux lettres parce que mes parents se parlaient principalement par mots interposés. Ce n'était jamais très intéressant. C'était surtout : « Venue du père Edmond pour le thé de seize heures », « Voir les Durand qui ont demandé… », « Élise voudrait voir avec vous… », « Cela concerne les robes de Mallora ». Ce n'est pas grand-chose, mais ces deux écritures me semblaient receler beaucoup de mes parents. Beaucoup de la vie qu'ils ne montraient pas mais qui les trahissait dans la forme de leurs lettres. Ma mère écrivait penché, mon père droit. Souvent j'emportais les mots pour les garder avec moi. J'accolais leurs deux écritures et je me sentais bien, comme durant les orages.

J'ai déjà essayé de fabriquer un mot à destination d'Élise comme s'il était écrit de la main de ma mère : « Prière d'acheter aujourd'hui des friandises. » J'avais mis ça sur le pas de sa chambre avant qu'elle se lève, pour qu'elle ne puisse pas le rater. En faussaire chevronné, j'avais bien penché mes lettres et c'était comme si elles s'évanouissaient les unes sur les autres tant je m'étais appliqué. Sa porte ouverte, Élise avait enjambé le mot pour partir se débarbouiller. Elle ne devait pas avoir les yeux bien ouverts, encore endormie… J'avais récupéré ma missive que j'étais allé placer sur la table de la cuisine du petit déjeuner avant de remonter me mettre sous mes draps les pieds au chaud. À huit heures j'étais dans la cuisine et Élise me servait mon chocolat en m'embrassant sur la tête. Elle avait certes les yeux encore gonflés, mais tout de même. Une vraie taupe…

« Humhum, quelle belle journée ! »

Élise ne m'a pas répondu et elle faisait du bruit en buvant, ce qui a fait croître mon énervement.

« Oh ! Mais qu'est-ce que c'est que ça ? Un mot ! »

Élise nettoyait désormais sa tasse et elle préparait le petit déjeuner pour les autres.

« Je me demande bien ce qu'il y a d'écrit sur ce mot… C'est certainement quelque chose d'important…

– Peut-être oui, elle avait répondu laconiquement. Je verrai ça tout à l'heure. »

Fichue bonne femme, butée comme un âne oui ! À onze heures j'étais sur ses talons alors qu'elle partait voir les Durand et leurs cochons, mon mot toujours dans la main. « C'est vraiment gentil de m'accompagner, Abel. Vraiment c'est très gentil. » Après ça j'avais dû la suivre au potager. Au jardin. Mes assauts étaient vains et d'une humeur massacrante. Bien décidé à ne plus parler à cette indolente d'Élise qui ne faisait pas son travail, j'étais reparti dans ma chambre. « Ça sent encore le chou. J'en peux plus du chou. Elle ne sait faire que ça ma parole, de cuisiner du chou, cette sorcière. Elle veut nous transformer en légumes, tiens. » Je m'agaçais, quand elle a passé la tête par la porte. J'ai saisi mes livres d'images pour ne pas lui parler, comme si j'étais absorbé dans ma lecture.

« C'est bien de lire comme ça, Abel. Cela va finir par te faire faire des progrès. »

Mais qu'est-ce qu'elle me chantait avec ses sermons ? « On dirait M. le curé tes remarques, Élise. Tu devrais te marier avec lui, tiens.

– Continue de lire, Abel, je t'appellerai quand le repas sera prêt. Oh ! Et salue bien M. Jourdui de ma part si tu le croises ! »

Et elle m'avait lancé une boulette de papier froissé sur la tête avant de descendre l'escalier accompagnée de ma sœur Mallora qui riait elle aussi. Le papier froissé c'était mon mot : *Prièrre d'acheter au Jourdui des frillandises.*

Depuis j'ai bien amélioré mon orthographe. Mais il n'y a plus de mots à recopier.

Fi de l'imparfait, fi de l'imparfait ! Fi de la nostalgie ! Ouste tristesse ! À quoi sert l'imagination si on ne se permet pas de transfigurer la banalité du réel. Tordre la matière, les mots, le temps, les idées. J'éclate et j'ose. Je déteste les bons élèves qui suivent les règles comme des moutons.

Je suis chez moi, oui, devant l'armoire de mon père. Dedans, un paquet, pour moi ! C'est une fronde !! Une belle fronde avec sa sangle de cuir luisante. « Mallora, je crie, regarde une fronde ! Qu'elle est belle !

– Je t'interdis de viser les oiseaux avec, Abel, me répond ma sœur. Ce sont des créatures de Dieu, pense à saint François ! »

Moi je promets, mais en vrai j'enrage. Il faut vraiment que l'on me gâche tous mes plaisirs ! Mais comme je ne veux pas finir puni comme Hans, je jure : « Je ne toucherai pas aux oiseaux du Bon Dieu, Mallora. Mais sur quoi je vais pouvoir tirer ?

– Eh bien, reprend ma sœur, malicieuse, et si tu allais discrètement viser les pots de fleurs de la mère Nadine ? »

La mère Nadine ! Brillante idée. J'en suis tout ragaillardi. La mère Nadine est une commère, comme la surnomme Élise, et nous la détestons. Un jour où l'on se promenait avec Mallora, nous l'avons surprise en train d'essayer de noyer une portée de chiots dans l'Hers. Je me suis jeté sur elle, qui a basculé dans l'eau et les chiots ont miraculeusement réussi à s'échapper du sac en toile et se sont enfuis en tous sens. La mère Nadine a crié que j'étais une brute dangereuse et que cela se saurait : « C'est pas parce qu'il est retardé qu'il peut s'en prendre aux gens !

– Ce n'est pas beau d'essayer de noyer des créatures du Seigneur, lui a rétorqué ma sœur, cela se saura là-haut.

– Bigote comme sa mère, a repris la Nadine. Elle pensait au Bon Dieu quand son mari s'envoyait en l'air avec la bonne ? Vous en avez, vous les riches, du culot ! La morale c'est où vous voulez, quand vous voulez. »

Mallora était toute rouge de ce qu'avait dit la mégère et moi je ne comprenais pas grand-chose à cette fameuse affaire qu'avait dû traiter mon père avec la bonne, tandis que la mère Nadine poursuivait : « J'ai déjà suffisamment à faire ici-bas pour pas avoir à me soucier de l'après, moi. Goulues ces sales bestioles !

– La saleté ça vous connaît. Le Bon Dieu saura vous faire tomber la langue et tous vos chicots avec ! »

Puis on a laissé cette ogresse dégoûtante dans son sous-bois tandis qu'elle continuait, trempée, de maugréer ses vilenies d'entre ses dents gâtées. Un chiot jappait au pied d'un arbre, sa patte était cassée. « Je crois qu'elle les a battus avant d'essayer de les noyer », m'a dit Mallora dont les larmes faisaient luire ses beaux yeux. On a pris le petit chien, qu'on a donné aux Durand. Ils lui ont fait une attelle et il a guéri.

Avec la fronde je lui ai cassé un nombre incroyable de pots de fleurs à la mère Nadine. Bien plus que le nombre de chiots qu'elle a voulu tuer. Elle est morte, depuis, vengée par un chien qui avait dû se réincarner dans un autre chien. Et c'est bien fait pour elle.

On se fiche bien de cette sorcière. Revenons-en à ce qui compte, tiens : la fronde. La fronde, je l'ai expérimentée sur plein de choses. Sur des cloches, des portes, des volets, des derrières d'animaux. Je trouvais des cailloux comme il faut. Pas trop gros, pas trop petits. Je visais au loin. Je faisais tomber les fruits des arbres, j'allais taquiner le derrière des bestiaux dans les champs. Parfois, ils me prenaient en course. J'ai eu chaud certaines fois. C'est un miracle que j'en aie réchappé. Je glissais dans la boue tandis que les vaches en furie se lançaient à ma poursuite. Une vache en colère n'est pas des plus tendres. Quand j'atteignais enfin la limite de l'enclos j'étais tout tremblant du risque que j'avais pris. Abel le pourfendeur de vaches. Sieur Abel, le matador des bovins. Cela dit, c'est plus l'effet d'un palefrenier que je me faisais, en revenant de mes excursions. J'avais de la boue jusque dans les tifs. Alors, quand je rentrais de mes escapades, j'essayais sans bruit de me faufiler jusqu'à ma chambre. Pour ça je prenais le plus de précautions possibles dans l'escalier qui grinçait. « Abel ? » Les harpies... Je tentais de m'enfuir en criant mais avec leurs quatre bras, rien à faire... C'était horrible, elles m'arrachaient mes exploits, mes odeurs de forêt et de verdure, les bouts de terre de mes journées et la fraîcheur accumulée sous les feuillages des arbres. Elles faisaient glisser les boutons, accrochaient de leurs ongles mes chaussettes. Mes deux pieds, blancs et moites, s'exhibaient, mon gros orteil, mon caleçon, mes deux jambes de faucheux. Ça m'humiliait bien cette affaire, tandis qu'elles me tiraient jusque dans les griffes de la baignoire. L'eau était toujours trop chaude quand on me la versait sur les épaules, puis trop froide quand je pataugeais dedans ; à chaque rasade pour enlever le savon mes cheveux pleuraient devant mes yeux. La salle de bain était traversée par les courants d'air. Le bloc de savon tenait là depuis une éternité, jaune et fissuré par endroits. Il ressemblait à l'écorce d'un orme. Mes membres étaient envahis par la chair de poule, j'étais tout recroquevillé, mes genoux cagneux encadraient mon visage. Comme un batracien démantibulé. Élise s'épongeait le front la chose faite.

« Seigneur-Marie-Joseph. Le grattoir, Mallora !

– Frotte. Frotte, Abel ! disait Mallora à son tour. Sous les bras. C'est bien. Ton corps doit être aussi propre que ton âme, Abel, le Seigneur te le prête mais tu devras le lui rendre. »

Je devais être un chat dans une autre vie vu à quel point je déteste l'eau. Ça fait fuir ce qui devrait rester, l'eau. Nos odeurs. Nos actions à venir et celles accomplies. Ça polit et, pour moi, ce n'est pas une qualité ! Transformé en béni-oui-oui avec mes cheveux plaqués en arrière, je m'ébrouais pour tout remettre en ordre. Mes lèvres légèrement bleuies, Élise me séchait le dos tandis que j'observais les brins d'herbes dansant dans le fond de la baignoire. J'en étais K-O de ces bains, bien plus que de mes journées. Alors, avant le souper, j'allais reprendre des forces dans ma chambre. Assis en tailleur sur mon lit j'ouvrais mes livres de contes. J'aimais bien l'histoire des enfants qui décident de partir de chez eux pour parcourir le monde, et quand j'étais en colère je me la répétais en me disant que moi aussi, un jour, je ferais comme eux. Sans moi, le silence s'abattrait définitivement sur la maison. Ce serait bien fait et ils devraient trouver une autre victime à récurer. Je mettrais le feu moi, tiens ! Ils sauraient de quel bois j'étais fait.

L'histoire des enfants se déroulait à une période où la disette sévissait. Il faisait si froid que les oiseaux jonchaient le sol neigeux comme des cailloux. Les femmes désemparées de ne pouvoir nourrir leurs bébés déambulaient nues, prises de folie, le sein sec. Elles aussi on les retrouvait mortes dans la neige, étendues comme des anges. C'est à cette période que les enfants de France commencèrent à entendre les voix. « Va vers le sud, disaient-elles, quitte ta famille et laisse tout derrière toi ! » Les enfants les écoutèrent, paysans ou fils de roi, et ils prirent la route. Quand ils quittaient leurs villages, les cloches des églises se mettaient à retentir comme des carillons célestes. Les animaux des sous-bois venaient à leur rencontre pour les saluer, et parmi ces enfants qui tressaient des croix avec la végétation des chemins, il y avait un frère et une sœur : Eustace et Allys. Le frère était devenu aveugle mais grâce à cela il voyait au travers des apparences le vrai sens des choses et la route à emprunter. On ne le trompait pas facilement. Le frère et la sœur menaient le cortège. Au début ils n'étaient qu'une poignée, puis une dizaine. Et puis, au fur et à mesure des mois, ils furent des milliers d'enfants qui ne voulaient pas devenir comme leurs parents qui ne savaient ni voir ni entendre. Malgré leurs haillons ils allaient gaiement et semblaient ne pas souffrir du gel ou de la chaleur. Ils se dirigeaient vers Marseille pour rejoindre la Terre sainte. Quand on leur demandait où ils se rendaient ils disaient en chœur : « À Jérusalem. Que ceux qui veulent nous suivent ! » Les hommes d'Église pensaient que c'était le diable qui tentait ces enfants et ils mettaient les familles en garde, recommandant de bien fermer leurs portes le soir pour les empêcher de partir. Mais le véritable ennemi de ces enfants était la Méditerranée. C'était une jalouse et une vicieuse que la Méditerranée. Derrière ses airs souriants et son dos de flots ronronnants bouillaient d'abominables tempêtes attendant d'engloutir ceux ayant eu l'audace de vouloir la traverser. Une légende voulait qu'un empereur chinois l'ait fait battre à coups de trique après qu'elle lui avait englouti ses meilleurs matelots. Cela n'avait en rien changé sa nature. Elle a laissé la cohorte d'enfants derrière Eustace et Allys monter sur son dos, puis, une fois qu'ils furent loin des côtes, elle les a engloutis. Généralement à ce moment du récit mes poils se hérissaient comme ceux d'un putois qui feule tellement l'idée des fonds marins me terrifiait. Ce calme, cette lourdeur, cette pesanteur infinie et figée. Pour un peu j'en tournais de l'œil. Mallora tentait de me rassurer en me disant que la victoire de la Méditerranée n'était que temporaire. Sous l'eau, le corps des enfants ne s'était pas décomposé. Ils étaient toujours allongés dans les fonds marins, leurs croix de fleurs sur le buste à attendre le moment où ils allaient se réveiller d'entre les morts pour reprendre le chemin. C'était macabre et cela me rappelait ces vieux globes de verre qui ornent, recouverts de poussière, le manteau de certaines cheminées. « Mais quand Dieu va-t-il les réveiller Mallora ? je demandais en geignant à ma sœur.

– Il faut prier pour les sortir des abysses Abel », me répondait-elle.

Les abysses... Statiques à pas savoir quoi y faire, du plomb sur les épaules... Les monstres marins, l'obscurité partout. J'imaginais tous ces enfants pourrir sous l'eau doucettement, avec le flonflon des algues les entourant dans ces solitudes mornes. Cela me faisait réfléchir ce conte. Mais surtout cela me filait la frousse. J'en avais du mal à m'approcher des étangs, de peur de voir au fond la silhouette d'un gosse avec sa couronne de fleurs. Cela dit je me rassurais en me disant qu'ils étaient certainement plus heureux au fond de l'océan à jouer les fossiles du Bon Dieu que chez eux.

Certains adultes volent l'enfance de leurs gosses.

Un jour j'ai croisé un enfant comme ça. Bourré du vice des adultes.

Je revenais d'une visite faite à Hans et j'avais décidé de pousser plus loin ma marche, jusqu'à la route menant vers l'entrée du village. C'est en bordure du champ que je l'ai croisé, assis dans la poussière et en partie dissimulé par la silhouette feuillue des maïs. Il m'a fait sursauter.

« Salut.

– Oh, Salut ! » j'ai répondu.

Il avait un chat dans ses bras qu'il caressait.

« C'est le tien ?

– Non, c'est un chat des chemins. Il n'a personne pour prendre soin de lui. »

Il était beau ce chat avec sa robe blanche comme de l'hermine. Je me suis approché pour le caresser. L'animal se frottait contre lui comme une peluche gracile. « Il a l'air de vraiment bien t'aimer. »

L'enfant a semblé songeur. « Peut-être qu'il m'aime parce que j'lui lance pas des pierres comme les autres. Certains ils les brûlent pour faire passer l'temps, quand c'est pas pire. J'ai vu ça. Je suis de Pujols. » Et il a pointé son doigt de toutes ses forces au loin pour me signifier que c'était bien à dix lieues.

« Il a eu de la chance de tomber sur toi alors. Pourquoi tu es venu de Pujols jusqu'ici ?

– Y a plus de chats chez nous », m'a répondu le garçon. Et il continuait de lui flatter la robe et de lui caresser la tête avec sa paume jusque dans le bas du cou, ce qui faisait ronronner la bête comme une chaudière.

Je regardais pensivement au loin en me disant que j'avais faim et qu'il ne fallait pas que je traîne, quand j'ai entendu un craquement. Le chat dans les bras du gosse avait la tête qui tombait mollement sur le côté, la gorge soudainement distendue comme une poupée de chiffon, les yeux fixes et bêtes. Il lui avait brisé la nuque et continuait de lui caresser la tête comme si de rien n'était. Il s'est levé, s'époussetant machinalement le derrière de la poussière du chemin en s'étirant. « Il a pas souffert, t'en fais pas. Avec moi ils sentent rien. C'est plus doux que la faim qui les attend chaque jour. Je suis si habile que çui-ci c'est certainement sa septième vie que je lui prends. Ma mère se sert de la fourrure pour fabriquer des cols chauds. Elle arrête pas ! Je t'aurai un prix si tu viens au marché de chez nous. » Puis il s'est éloigné avec son fond de salopette crasseux, sa gibecière contenant le cadavre du chat, trop grande pour sa petite taille, à l'épaule. C'était Jocelyn, dit « Jocelyn-Minou », fils d'un père tanneur et d'une mère qui raccommodait et vendait tout et n'importe quoi. Jocelyn qui enfant déjà refoulait l'habitude de la mort. Pujols… C'était donc vrai ce qui se disait sur ses habitants. Quand l'air ne se renouvelle pas assez et que les générations se succèdent au même endroit, cela finit par sentir le pourri. Jocelyn n'avait pas peur de la mort ?… Elle non plus. Elle est venue le saisir avec ses deux parents, cachée sous les traits d'un renard ramené pour les cols. L'animal souffrait du mal de la terre. Il a fallu brûler leur maison et le champ où elle était située. Jocelyn, les flammes, comme des anges, l'ont porté jusqu'en haut. Vu tout ce qu'il a tué de bêtes, ça doit sentir fort l'urine là-haut.

Le père Edmond

La gazette de ce matin est consacrée au brigadier qui a réussi à arrêter Bastien V., ce pyromane qui sévissait depuis plus de sept années dans la région. C'est Élise qui a accouru pour me la remettre. Il est pour l'heure détenu à Toulouse. Sur la photographie il apparaît menotté et arbore une moue contrariée. Il semble de petite taille, plutôt malingre. Un monsieur Tout-le-Monde comme j'en ai tant dans ma paroisse. On voudrait que les meurtriers ressemblent à des meurtriers. Ce serait plus simple, si le vice se voyait… Enfin ! Ce dangereux monomane reste une vie que Dieu va rappeler à lui. La peine capitale n'a jamais de quoi réjouir, même pour ce genre d'individu.

J'espère qu'il se repentira, qu'il soulagera son âme, cet incendiaire… Oh ! il ne faudrait pas que Mallora ou Abel tombent par hasard sur *La Dépêche*. Le feu. Tout ce feu. On ne sait jamais comment réagissent les esprits, même quand l'eau a eu le temps de couler sous les ponts. Mallora a été si fragilisée.

Esther… Cette maison… L'affaire déjà, bien avant l'incendie…

L'enfant de cette petite… Adélaïde ! C'est ça. Comment

avait-il été nommé déjà ? J'ai cela dans mes papiers, dans mes correspondances, quelque part.

Ah oui, Lemuel.

C'est un beau nom Lemuel, et rare. Cela veut dire « dévoué à Dieu ».

Cause et cause, ma paroisse…

Parlerai-je de Justin ? Depuis peu, il vient moins me voir à l'église, il paraît qu'il a eu l'idée d'un nouvel alcool, révolutionnaire. Quelque chose à base d'anis. Justin et ses trouvailles… Enfin je ne vais pas m'en plaindre, un peu de repos ne me fera pas de mal. Et comme il y a Justin il y a Élise ! Élise est une merveille. Dévouée, aimable malgré son caractère de vieille fille un peu rustre. Elle est partout, aux fourneaux, à l'église, au cimetière, au jardin du presbytère. Elle brique sans relâche et cela malgré ses jambes. Sans elle je ne sais pas comment je ferais. Comment faisais-je d'ailleurs avant son arrivée ?

Abel est comme son propre enfant et cela encore plus depuis le départ de sa sœur. J'aime Abel et j'ai à cœur de lui apprendre les mathématiques. Je ne perds pas espoir, mais il est vrai que lors de ces leçons que je lui donne je me rends particulièrement compte du retard mental qui est le sien.

Laissez venir à moi…

Abel a une franchise si naturelle qu'elle peut heurter. Si la vie en société n'était pas nécessaire, il nous faudrait tous en faire autant. Quant à sa sœur, Mallora, avec Élise nous avons pris la décision de ne rien en dire à son frère. À quoi bon ? Il pense qu'elle soigne nos blessés et ce n'est à près tout pas si différent. Elle va bientôt prononcer ses vœux.

Ce matin j'ai reçu une lettre de Mgr Auxile. Il viendra nous visiter d'ici peu. Sa missive disait : « … Je viendrai… d'ici quelques semaines quand le vent d'autan… N'hésitez pas à me garder un peu de cette exquise confiture d'orties que l'on vous concocte au presbytère… Mgr… »

Verdon

« Mais c'est moi qui suis honoré. Figurez-vous que ma femme est une fidèle lectrice de *La Dépêche*.

Quarante ans. Il y a un mois de cela !

Oui, c'était mon rêve. Intégrer la gendarmerie. La vocation, comme on dit.

Depuis quand ? Oh... au moins depuis... le certificat. Avant je voulais devenir dresseur d'ânes, c'est dire !

Vous êtes bien renseigné. Je suis né du côté de Foix, j'ai toujours voulu rester dans la région. Mes parents étaient maquignons. Je sais ce que c'est que d'être fidèle aux terres de ses ancêtres, on a ça dans le sang de par chez nous.

Après mes études. J'ai été incorporé dans une petite brigade, puis dans une plus grosse. Celle de Toulouse.

Oui bien sûr. Il faut être assidu, avoir de la patience, de la curiosité. Aimer le détail, c'est cela. Être méticuleux. Il faut savoir écouter ses aînés aussi. Mes armes, je les ai faites sous la direction d'un brigadier qui s'appelait Bertrand. Puis il a été muté et, à force, j'ai pris du galon.

Ma femme est d'ici elle aussi. Très heureux en ménage. Je vous remercie.

Nous en avons déjà deux. Ils se portent à merveille. S'ils voulaient suivre ma voie ? Ha ha ! Je le leur déconseillerais, trop d'administratif. Non, je plaisante, je serais très fier bien sûr. Mais pas de passe-droit, hein ! Je suis contre. Chacun doit faire ses preuves. Commencer en bas. C'est le principe de notre belle République.

Je suis très fier. Cela n'a pas été facile parce qu'il ne s'en prenait pas qu'aux lieux religieux, contrairement à ce que l'on pensait au départ. Il y avait une régularité, oui, mais parfois il n'a pas agi pendant trois, voire quatre mois ! En fait le principal obstacle à l'enquête c'est qu'il agissait par… pulsions. Il n'y avait pas de préméditation. D'où le temps que nous avons perdu à chercher une logique derrière ses actes. C'est toujours un peu décevant, voir que les grands criminels sont parfois… simples.

Un ancien orphelin, oui. Un profil habituel ? Pas vraiment. Mais, vous savez, il y a une différence entre les incendiaires et les pyromanes. Oui, oui. Eh bien encore une fois ils sont moins… moins organisés que les incendiaires. Enfin, c'est moins prévisible donc ils sont plus difficiles à attraper. Ce que je veux dire c'est que l'incendiaire a un dessein. Il veut rétablir une justice personnelle, obtenir réparation, se venger, etc. C'est rationnel, pratique pour enquêter. La pyromanie, cela relève plus de la pulsion.

Si c'est inné ou acquis ? Bah, je ne suis pas M. Zola moi ! Mais bravo vous avez bien préparé vos questions.

Il a été pris à Varilhes. Il était revenu sur les lieux. Ça, oui, c'est courant.

Je dirais rustre et… assez pervers dans le fond. Enfin,

ce n'est pas mon domaine d'expertise, mais c'est l'impression qu'il m'a faite.

Non, pas une once de remords. Juste la colère d'être empêché de continuer, si vous voulez tout savoir. Il l'a dit, et clairement.

En tout ? Neuf. Sans compter ceux pour lesquels nous n'avons pas de preuves tangibles parce qu'ils auraient pu être causés par des foyers d'ordre naturel. Forêt, maisons, granges. Ce genre-là.

Le premier lieu identifié : chez les sœurs qui l'avaient recueilli.

La peine capitale. Non, je ne m'en réjouis pas. La mort d'un homme n'est jamais souhaitable.

Je suis honoré de cette décoration.

Des vacances ? Plutôt deux fois qu'une ! Vers la bastide de Mazères. Une maison familiale du côté de ma femme, Henriette.

C'est moi qui vous remercie, elle va certainement faire encadrer l'entretien ! Je vais donc rentrer le ventre pour la photographie. »

Lemuel

Il paraît que le Mérou s'est fait attraper. Ce n'est pas que cela m'étonne, il n'a jamais été méthodique, le Mérou, et ça depuis l'époque des sœurs. Il agit comme un chien fou. C'est trop.

C'est lui qui m'a initié, je lui dois ça au moins, c'est certain. Et d'avoir centré l'attention sur lui. Avec les journaux notamment. Si je pouvais éprouver de la gratitude et de la pitié j'en aurais pour lui.

Mais moi, j'ai compris ce qu'il y a de sous-jacent. Derrière l'étincelle. Le feu, le feu… Si le reste n'est pas là ça n'a pas grand intérêt. Et ça, le Mérou, il l'a jamais compris. Normal, c'est une brute, le Mérou.

Le plaisir, ça vient de la rareté. Il faut savoir prendre son temps. Mettre en valeur, raconter une histoire autour. S'intéresser à ses personnages, à ceux qui vont brûler, c'est fondamental. Sinon on se fiche de les perdre. À quoi bon ouvrir le chapitre ?

Il faut choisir. Il faut savoir sélectionner pour émouvoir, émoustiller. Savoir choisir, c'est un art. Rester sur sa faim cela permet de résister, longtemps.

Dès petit, j'ai compris qu'il fallait faire semblant. Il faut être poli, discret, avoir l'air normal, très normal. Comment fait-on quand on ne ressent pas les choses comme eux ? On imite. Il faut sourire, et s'indigner aussi, mais dans le bon ordre. La normalité feinte, c'est un long apprentissage. Mais cela paie. La preuve avec le Mérou, là aussi. Maintenant il est ferré.

Chez les sœurs, on nous disait qu'on était issus du péché originel, et du péché de chair de nos mères, et qu'on n'aurait pas trop d'une vie pour tenter de se racheter. Déjà, on était condamnés, et ça, cela rend libre.

J'ai vite compris qu'il valait mieux faire « le bien », parce qu'elles avaient des triques les sœurs. Elles tournaient autour de nous avec leurs coiffes et leurs robes brunes tandis qu'on fabriquait des croix en bois qu'on enfilait dans des ficelles pour qu'elles puissent être vendues. Quand on était doué, et c'était mon cas, on nous donnait des ouvrages plus difficiles à réaliser. Il s'agissait de fixer en plus, sur la croix, un jésus avec de petites vis. La première fois j'ai cru que c'était un piège. Que l'on voulait voir si j'étais capable de crucifier Jésus-Christ. Mais j'ai pris une correction. Toute morale est relative.

Ce que je voulais dans la vie, parce qu'on court tous après quelque chose qu'on dissimule pour qu'on ne nous l'enlève pas, je l'ai compris là-bas. Chez les sœurs, il y avait un homme qui faisait le nettoyage, Joe. Il était blagueur, Joe, et il ramenait des cigarettes qu'il nous filait en douce.

Un gosse, Roger, était son chouchou parce qu'il lui faisait penser à son fils qui était parti vivre loin. Bel enfant, Roger, petit, tout blond et bouclé. C'est Roger qui a été chargé par les autres de dire qu'il avait vu Joe voler l'argent dans le bureau de la mère supérieure. Roger en était heureux car il pensait ainsi s'attirer l'estime des plus grands.

Joe a été renvoyé. On avait beau avoir l'argent qu'on s'était réparti, on ne pouvait pas l'utiliser sans se faire prendre ou dénoncer. Et on n'avait plus de cigarettes. L'ambiance était morose. Comme les autres s'ennuyaient, Roger a commencé à se faire régulièrement lyncher. Un matin, on l'a retrouvé pendu avec ses lacets à un cerisier. Il avait fait ça pendant la nuit pour qu'on ne puisse pas l'en empêcher. C'est là, c'est ce matin-là que j'ai compris ce qui me tiendrait en vie. J'ai ressenti une émotion, la première, ça m'a inondé de bonheur. Ressentir, c'était donc cela. Le cerisier était en fleur et cette mort, c'était une œuvre d'art. Le soleil lui faisait des reflets or, balayés par le vent léger. Parmi tous les gosses, avec ses cheveux blonds, sa bobine couleur lait et son petit gabarit sous la couronne du cerisier en fleur, pas un seul n'aurait fait un aussi beau mort dans le tableau. C'était un moment d'absolu. Une révélation : certaines personnes sont bien plus vivantes dans la mort, il faut les y aider.

Un, deux, trois, soleil ! Chez les sœurs il y avait un jardinier au regard taciturne. Poilu comme un ours. Le comble pour un jardinier aussi à cheval sur la taille de ses bosquets ! Homme à tout faire, il vivait en ermite dans une maisonnette au toit de chaume située au fond du parc. Il ne souriait jamais, sauf à sa chatte, Timine, qu'il adorait.

Avec le Mérou on s'accordait des pauses derrière chez lui, pour fumer à l'abri des regards. C'était la cuisinière désormais qui nous ravitaillait en sèches ; en échange, il fallait lui faire des gâteries. On les méritait bien nos cigarettes, parce que ce n'était pas une reine de beauté la cuisinière, et grasse en plus de ça.

Un soir où tout le monde dormait, le Mérou a tranquillement terminé sa cigarette, puis il m'a dit : « Regarde ! » Il a pris une allumette qu'il a grattée et il a mis le feu au toit de la maison du jardinier. Comme ça !

C'était beau, mais lui il a raté le spectacle. Une fois son allumette jetée il a tourné les talons pour regagner ni vu ni connu le dortoir. Moi, j'ai vu. Ce qui a été beau c'est que, quand le jardinier s'est réveillé, il est tout d'abord sorti, puis il y est retourné ! Pour sa chatte. Mais pas moyen de ressortir. Je le voyais par la fenêtre tentant de protéger Timine de son large corps, ployé comme un pont. Bon Dieu, les flammes étaient comme un écrin à toute cette jolie chose. Ce que c'était beau !

Le feu fait un médaillon aux souvenirs, ainsi ils ne disparaissent jamais de ma mémoire.

L'année d'après, le Mérou s'est occupé du couvent. Moi, j'étais déjà parti, la nuit du jardinier.

Je travaillais désormais comme saisonnier. Je faisais plus vieux, il paraît. Ça aide. Maïs, pommes, raisins. C'était dur, mais j'étais libre de partir quand je le voulais, pas de liens à créer avec les autres.

Un automne, je me suis mis au braconnage et à la revente des champignons. Cèpes, lièvres, perdreaux, hérissons même ! J'arpentais les bois du lever du jour à la tombée de la nuit. C'est lors de l'une de ces journées brunes et froides qu'accroupi avec mon Opinel j'ai vu cet homme, *le promeneur*. Il faisait de grandes enjambées, comme un soldat, au loin, et il a disparu. J'ai compris plus tard quand il en est sorti.

C'était dans une grotte, enfin, dans une cavité rocheuse exiguë, qu'il avait enterré son désir. Il avait saisi, lui aussi, qu'il faut avoir l'air normal quand on a besoin de plus que ce que la société et la vie veulent bien nous laisser. Son trésor reposait, la tête sur un sac de graines, comme si c'était un oreiller. Il l'avait allongée de manière si naturelle qu'on aurait pu croire qu'elle dormait, si elle n'avait pas été aussi entourée de mouches. La peau verdissait et il la nettoyait là où ça coulait. Sa nuque avait gardé, comme un collier de perles, la trace des doigts du vieil homme quand il avait serré.

C'était encore une adolescente. Il s'allongeait juste à côté d'elle, lui parsemant sur les cheveux des pétales de fleurs des champs. C'était intime, la lumière pénétrait à peine dans la chambre nuptiale improvisée. Tout était de nouveau possible pour lui, là, allongé à côté de cette jeune promise.

Je l'ai suivi dès le lendemain. Il habitait la troisième maison de M… Je pouvais le voir par la fenêtre, manger avec sa femme. Ils ne se parlaient pas, mais ils avaient l'air de s'aimer. Elle tricotait en se balançant sur sa chaise et lui, il lui embrassait l'épaule quand il passait à côté d'elle pour se servir une gnôle rangée dans le bahut de la cuisine. Ses journées étaient toutes pareilles. Il coupait du bois, il entretenait le potager qu'il avait. Puis il allait faire sa « promenade », comprendre qu'il allait visiter sa morte. Après, il se rendait au café du village. Là, il buvait un verre de liqueur en écoutant les autres clients qui discutaient bruyamment de la disparition de la fille Desprèz. Une bonne gosse qui avait certainement fui avec un jules, loin d'un père à la main leste dès qu'il biturait trop.

J'ai mis le feu tandis qu'il dormait à côté d'elle dans la « grotte ». J'avais réussi à barricader l'entrée du boyau. C'était naturel, comme pour les lièvres, mais dans l'autre sens.

Ne croyez pas que *la maison* ce soit pour ma mère que je l'ai fait. Je n'aime pas ma mère, tout comme elle ne m'aime pas. C'est une soiffarde et je trouve ça très vulgaire, surtout pour une femme. D'ailleurs quand je l'ai retrouvée, elle n'était pas contente de me voir parce qu'elle pensait que je venais lui soutirer de l'argent. « Je sais même pas si c'était lui le père », elle m'a également dit. Charmante créature, Adélaïde…

Les forains cherchaient des bras supplémentaires. J'ai aidé un bon mois avant que l'on arrive dans le fameux village dont ma mère m'avait parlé. Là, j'ai été observer la maison. Le meilleur point de vue c'était du champ ; de là on la voyait bien mieux parce qu'il était situé sur un terrain un peu en hauteur. J'y ai rencontré le fils, Abel, qui m'en a dit un peu plus. La maison était très isolée et on voyait le cimetière derrière qui l'encadrait, auréolée des teintes estivales de l'été finissant. Ce garçon disait simple et vrai. Il ne cherchait pas à faire semblant d'être normal, lui. Ça me dérangeait pas de me dire qu'on partageait peut-être du sang en commun.

Ses parents vivaient reclus. Ils attendaient, n'entretenant aucun lien avec les villageois. Solitude, c'est dans ce contexte qu'Abel et sa sœur avaient vécu. Un peu comme moi.

J'observais la nuit les étages de la maison. Elle en haut, lui en bas. La sœur, la domestique et Abel, de-ci de-là.

Pour que cela soit parfait, je me suis bien fait mousser l'histoire. Je l'ai écoutée, située dans ma tête, chaque pièce, chaque pas. Puis, j'ai attendu la nuit du feu d'artifice.

Là, j'ai hissé l'échelle que j'avais placée dans le champ. Le chandelier était installé, comme prévu, près du lit de jeune fille de Mallora.

J'ai cru que la mère avait entendu la vitre, mais non. Aucun bruit. Sa chambre, m'avait-on dit, était tout au bout du couloir.

J'ai caressé les murs de cette vieille maison qui avait tant à dire et qui allait revenir à la vie. J'ai entendu son cœur battre d'impatience. Heureux, j'ai pris l'une des bougies. Je l'ai allumée, je l'ai posée sur le lit.

Croyez-le ou pas, j'ai un peu eu l'impression de faire cela aussi pour d'autres que moi.

Ce qui m'a plu par-dessus tout, je crois, c'était que le feu d'artifice avait eu le temps d'être lancé. Puis j'ai aimé que tous ces villageois fassent désormais cercle autour de la maison, comme devant un ancien ennemi que l'on respectait et à qui l'on vient rendre hommage parce qu'il s'est bien battu.

Je ne m'étais pas trompé, Mallora avait une beauté qui se révélait bien plus dans la souffrance. Tout était à sa place.

Je suis parti le lendemain, la bâtisse désormais ouverte sur le ciel comme un cœur apaisé.

Je me sens plein d'inspiration. Je n'aurai pas trop d'une vie.

Abel

Justin me dit qu'il y a un homme qui à force de se gratter une croûte a trouvé derrière une étoile qui était cachée. Je le dessine sur des feuilles volantes. C'est le père Edmond qui m'a offert de nouveaux crayons pour me faire tenir tranquille. Le presbytère est moins gai maintenant que Mallora est partie à la ville. Dieu m'a retiré des proches mais je sais qu'ils m'attendent. De leurs semelles ils font tomber la pluie. Les enfants qui font sonner les cloches de l'église, s'ils y mettaient du cœur, s'envoleraient pour me le confirmer.

Je suis paresseux. J'aimerais ne pas avoir à aider Élise à plier le linge, ni à faire mon lit. Je fais exprès de faire tourner en bourrique le père Edmond et ses *mathématiques*. J'aimerais être un singe du Moyen Âge. J'aurais un beau veston. On m'applaudirait alors que je ne ferais que suivre ma nature. À mes pattes, j'aurais des breloques en or. Elles contrasteraient avec la grisaille qui s'étend. L'hiver arrive et c'est comme si les vieilles femmes avaient leurs lobes d'oreilles qui devenaient encore plus longs. Des étincelles pleuvent. Du bleu, partout. Horizon. Ça sent la menthe. La cage thoracique des noms explose. On les inscrit sur des croix blanches.

Moi je suis là parce que j'ai décidé de ne pas grandir. J'ai trouvé dans l'Hers une vieille bouteille de vin. Elle était entière, les poissons n'aiment pas l'alcool. Le bruit de ma mère en haut me manque, et celui de papa, en bas. Mais mon vœu s'est réalisé, le vent d'autan contenu dans sa course par mon ancienne maison peut désormais souffler sur l'Europe entière.

Gare !

DE LA MÊME AUTEURE

Aux Éditions Albin Michel

LÀ OÙ LA CARAVANE PASSE, 2021, prix Roger-Nimier

SOUS UN CIEL DE FAÏENCE, 2023

Composition : IGS-CP
Impression : CPI Firmin-Didot en avril 2024
Éditions Albin Michel
22, rue Huyghens, 75014 Paris
www.albin-michel.fr
ISBN : 978-2-226-49363-7
N° d'édition : 25897/01 – N° d'impression : 179428
Dépôt légal : août 2024
Imprimé en France